セレモニー・イベント学へのご招待

儀礼・儀式とまつり・イベントなど

徳江 順一郎

二村 祐輔・廣重 紫

晃洋書房

はしがき

　わが国は，未曾有の少子高齢化社会を迎えつつある。冠婚葬祭に携わるセレモニー関連産業は，こうした人口動態的な変化の影響が直接的に及ぶことになる。少子化は成人の人数の減少につながり，やがては婚姻件数の減少，死亡者数の減少にもつながるからである。これまでのわが国では人口が増加し続けてきたが，近年は足踏み状態であり，2020年頃からは人口減少が加速化するという予想がなされている。

　一方，1964年以来，半世紀ぶりの東京オリンピック・パラリンピックが2020年に開催されることになった。開催都市決定後は，さまざまな準備が進められているが，それにともない多くの混乱が生じていることもまた事実である。

　その意味では，初めての少子高齢化，数十年ぶりの世界的なイベント開催，という大きな節目にわれわれは直面しているといえるだろう。

　このような状況であるにもかかわらず，実はセレモニー研究，イベント研究などは，これまであまり活発になされてきたとはいえないのが現状である。特にセレモニー研究に関しては，学会でもあまり議論されてきたとはいえない。教育面でも，専門学校ではさまざまなブライダル関連の講義が開講されるなどしているが，大学で正規の講義が開講するようになったのは，比較的最近のことであると考える。

　ところが，学生たちのブライダル産業やフューネラル産業に対する関心は高い。夏季休暇や春季休暇中の実習（インターンシップ）や研修では，この両産業にかかわるプログラムが真っ先に埋まってしまうのが常である。

　こうした事態に危機感を覚え，著者たちは学会での発表を重ね，カリキュラム改定時にはセレモニー関連の講義を立ち上げたりイベント関連の講義を再編したりして，可能な限り対応してきた。それにより，一定の成果にはつながったものと自負している。しかし，ブライダルやフューネラルのようなセレモニーと，関連するさまざまなイベントなどを，トータルで把握しうる書籍がこ

れまでは存在しなかったことは，われわれの活動プロセスにおいて，若干の物足りなさを感じる要因となっていたことは間違いない。

　セレモニーの代表格である冠婚葬祭は，いずれも一生に一度が基本となる。これを言い換えると，一生に一度だけの買い物ということである。その点からすれば，「リピートしない顧客」を対象としてビジネスを展開することになるうえ，関係する諸儀式には宗教も関係してくることから，通常のマーケティングなどでは検討しきれない面がある。

　また，オリンピックのような一大イベントも，継続的な事業とは異なる諸特性がある。そのため，やはり経営学関連における既存の先行研究では把握しきれない要素が多かったといえる。

　以上から，本書ではこうしたセレモニーやイベントについて，歴史的経緯も踏まえつつ，文化人類学や民俗学，宗教学など，さまざまな学問分野における研究成果も取り入れて，全体的に概観できるよう構成した。

　本書は全体で9章から成り立っている。議論の前提となる理論枠組みについて第1章と第2章で述べたうえで，第3章で世界のセレモニーとイベントの事例を，第4章と第5章で日本のセレモニーとイベントの事例を検討した。そして，こうしたセレモニーを代表する「冠婚葬祭」のうち「冠」以外の「婚葬祭」については，それぞれ1章ずつ，第6章から第8章で論じている。最後に，これからのセレモニー産業が持ちうる戦略オプションについて，第9章で考察した。

　なお，第1章から第6章を徳江が，第7章と第8章は二村が，第9章は徳江と廣重との共著として担当し，全体の調整は徳江が担当した。

　本書が，わが国におけるセレモニー研究，イベント研究に一石を投じられれば幸いである。

　　2018年9月

　　　　　　　　　　　　　　　　　　　　　　　著　者　一　同

セレモニー・イベント学へのご招待
儀礼・儀式とまつり・イベントなど

目 次

目次

はしがき

第1章　セレモニーとイベントの概略　　　　1

1．セレモニー・イベント研究の前提　(1)
2．セレモニー把握の方向性　(6)
3．環境変化とセレモニー・イベント　(14)
4．セレモニー・イベントに対するニーズと分類　(20)

第2章　宗教とセレモニー　　　　25

1．セレモニーにおける宗教の位置づけ　(25)
2．ユダヤ教　(26)
3．キリスト教　(30)
4．イスラム教　(33)
5．仏教　(38)
6．神道　(47)
7．宗教とセレモニー　(52)

第3章　世界のセレモニーとイベント　　　　55

1．世界のセレモニー　(55)
2．世界のイベント　(62)

第4章　日本の公的なセレモニーとイベント　　78

1．国家・政府・自治体の式典　(78)
2．組織の式典　(84)
3．地域のまつり　(87)
4．イベント　(94)

第5章　日本の私的なセレモニー　　　　98

1．人間の一生におけるセレモニー　(98)
2．家におけるセレモニー　(106)

v

第6章　ブライダルにおけるセレモニー　114

1．ブライダルにまつわるセレモニー　(114)
2．ブライダルの歴史　(120)
3．ブライダルを担う主体　(129)

第7章　フューネラルとセレモニー　137

1．フューネラルとは　(137)
2．フューネラルの歴史と市場の変化　(141)
3．フューネラル産業を構成する主体　(146)
4．フューネラル産業の問題点　(152)

第8章　メモリアルとセレモニー　161

1．メモリアルとはなにか　(161)
2．メモリアル・ビジネスのアイテム　(168)
3．メモリアルとセレモニー　(176)
4．メモリアル・ビジネスの展開　(184)

第9章　これからのセレモニーとイベント　193

1．マクロ環境・外部環境の変化　(193)
2．事業者側の対応　(200)
3．将来のセレモニー・イベント産業　(202)

あとがき　215
索引　217

第1章 セレモニーとイベントの概略

1. セレモニー・イベント研究の前提

(1) なぜ儀礼・儀式やイベントが行なわれるか

　われわれの身の回りには，さまざまな儀式や儀礼が存在している。個人に関するものでも，冠婚葬祭のような，特定の人間にとっては一生に一度が基本となるものから，誕生日のように毎年訪れるものもある。こうした儀式や儀礼やイベントが，そもそもなぜ執り行なわれるのかについて，文化人類学や社会学，あるいは民俗学の見地から，さまざまに研究がなされてきた。

　フランスの文化人類学者・民俗学者であるヘネップ（Arnold van Gennep）は，

　　ある集団から他の集団へ，またあるステータスから次のステータスへ，次から次へとなぜ移っていかなければならないのかということは，「生きる」という事実そのものから来るのである。

とし，

　　ある個人の一生は，誕生，社会的成熟，結婚，父親になること，あるいは階級の上昇，職業上の専門化および死といったような，終りがすなわち初めとなるような一連の階梯からなっている

と指摘したうえで，

　　これらの区切りの一つ一つについて儀式が存在するが，その目的とする

ところは同じである。つまり，個人をある特定のステータスから別の，やはり特定のステータスへと通過させることに目的がある。

（いずれも綾部・綾部訳（2012），p. 3 ）

と述べ，人間の状態変化のために儀式が存在すると論じている。また，同時に以下のような興味深い事例も紹介している。

　　ある国から他の国へ，また同じ国の中でさえある地方から他の地方へ，またあるいはある封建領地から別の領地への通行に際して様々な手続きをふまねばならなかったのはそう遠い昔のことではない。その手続きというのは，政治的，法的，および経済的なものであったが，中には呪術＝宗教的なものもあった。（綾部・綾部訳（2012），p.13）

　これは，人間が「地理的な変化」を経験するに際しても儀式が必要とされたことを言っており，

　　出発に際しては分離の，帰着した時には統合の儀式が行なわれる。

（綾部・綾部訳（2012），p.18）

という事実から，地理的な変化が生じた人間と集団との分離・統合といった視点から人間の「変化」を受け入れるために儀式や儀礼がなされたことがうかがえる。

　こうしたことから想定されるのは，人間がなにがしかの変化にさらされる必要が生じた際に，われわれは儀式や儀礼を行なうということである。そして，そもそも人間はその一生において，誕生してから成長し，成熟を経て死んでいくまでの間，肉体的にも精神的にも変化をし続けざるをえないということでもある。これは，たとえ仮に一人だけで生きていたとしても生じる変化といえるだろう。しかし，当然のことながらわれわれは一人では生きられない，すなわち社会的存在でもあるため，周囲との関係との変化も生じざるをえないということにもなる。

　以上より，人間が儀礼や儀式を必要とするのは，さまざまな変化のうち，特

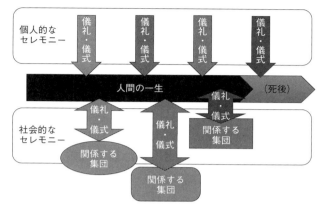

図1-1　儀礼や儀式と人間の変化
出典：著者作成

に大きな変化に際して、その変化にスムーズに対応するためであると考えられる。そのうえで、こうした儀礼や儀式は、自身の変化にともない開催される個人的なセレモニーと、周囲との関係の変化にともない開催される社会的なセレモニーとに大別できる。自身の変化に際しては、家族などの身内が儀礼を開催し、周囲との関係の変化に際しては関係する集団が主体となってセレモニーを開催することが多い（図1-1）。

なお、こうしたセレモニーはいずれも、相対的に非日常性が高いものであり、また、呪術的・宗教的な手続きも必要な場合があることに注意が必要である。そのため、こうした儀礼・儀式は「まつり」とも関係が生じてくる。生存に必要な農作物の豊作を祈るために、共同体内の関係性をマネジメントし、さらに超越的な存在との関係性もマネジメントすることが「まつり」であると考えられるためである（松平（1983），p.11，図1-2）。

（2）用語の整理

ここまで、儀礼と儀式、そしてセレモニーや祭という用語を並列的に用いてきた。次に、この用語の相違について整理をしておきたい。

青木（2006）は、日常の行動との対比によって儀礼と儀式を浮き彫りにしようと試みている。そのうえで、旧来の社会人類学を中心として追求されてきた，

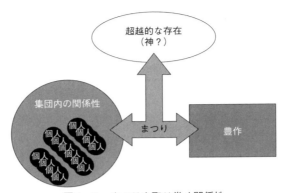

図1-2 まつりを取り巻く関係性
出典：著者作成

超越的・宗教的（あるいは象徴的）な事象を含む儀礼概念の対極に，パフォーマンスを含む日常的な事象と重なる儀式概念を置いて把握しようとしている（p.49）。ここでは，さらに儀礼と儀礼的行動とも峻別しつつ，こうした全体を包含する用語として儀礼を定義づけている（pp.49-50）。

　一条（2016）は，「儀礼」という言葉と「儀式」という言葉の違いに着目し，前者にあたる英語 ritual と後者にあたる英語 rites あるいは ceremony との相違に意識を向けている（p.2）。そのうえで，ラ・フォンテイン（Jean Sybil La Fontaine）の研究を引用して，儀礼は社会的関係を象徴的に確認・反復するもの，儀式は具体的な目的をもつ行為であるとしている（p.5）。そして，最終的には，儀礼を「人間の精神的営為の総称」（pp.7-8），儀式を「精神的営為の行動化」（p.8）とし，儀式が「儀礼の核」（p.8）であるともいう。ただし，わが国では結婚にともなう一連の儀礼・儀式を「ブライダル・セレモニー」や「ウェディング・セレモニー」と称することから，セレモニーとの関係が曖昧になってしまう。

　一方，倉林（2011）は，儀礼を「信仰伝承や社会的慣習，または生活的習慣などによって生じ，または形成されたところの一定のカタ（型）を有する行為」（p.10，類似表現が p.123 にもみられる）としており，儀礼にも行為性を付帯させている。ただし，ここでこの「カタを有する行為」の例として点茶を挙げているが（p.123），点茶は一般に英語で tea ceremony といわれるように，一条

第1章　セレモニーとイベントの概略　5

（2016）のアプローチに依拠すると，どちらかというと儀式としての認識が強いととらえられることになる。

　わが国では，信仰がかかわってくるのは生と死が絡むものが大多数であり，それ以外では，初詣や七五三などの成長過程，そして場合によっては結婚といったタイミングでしか宗教にかかわらない人が圧倒的に多い。そして，生死がかかわること以外では，願い事をかなえてもらうといった接し方がほとんどである。そのため，ある意味，宗教を「ツール」として用いているといえる。こうした前提があるため，ritual と ceremony との境界線が曖昧にならざるをえないのは仕方がない。

　ただし，ここで日本人には宗教的観念が希薄である，ということを主張したいのではない。経典を持つ仏教や聖書があるキリスト教，コーラン（クルアーン）が大きな位置を占めるイスラム教などと異なり，日本人にも明示的な「形」を持たない根源的な「宗教」あるいは「価値基準」が存在すると考えられる。

　著者は，それは「和」の精神であると主張する。一条（2016）でもわが国で宗教が共生する理由として和を挙げているが（p.35），聖徳太子によって「編集」（p.36）された神道，仏教，儒教の共存体制がその後も成り立ってきているのは，それぞれの宗教観を超える価値観として，和が存在しているからである，といえよう。なお，この視点は井沢元彦が繰り返し強調している点でもある（井沢 1998；2003）。

　そうなると，特に周囲との「関係性の変化」に際してさまざまな儀礼・儀式が執り行なわれる以上，日本人にとってもそれは宗教的視点が含まれていると解するべきである。

　以上の先行研究を眺めると，儀礼と儀式，そして祭やセレモニーには明確な線引きが困難であることが理解できよう。そこで，本書においては，まず儀礼と儀式の相違について，一連の儀式によって儀礼が形成されるという前提をおきたい。すなわち，超越的・宗教的な意味を付帯した，変化に際しての社会的な関係性マネジメントそのものを儀礼，その関係性マネジメントのために，個別的に実施される行為や行動を儀式とし，論を進めていく（図1-3）。

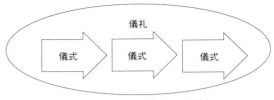

図1-3　儀礼と儀式との関係
出典：著者作成

　ただし，その両者は重なる部分も多いため，厳密な区別は難しい。そして，まつりとの相違についても明確化はしにくい。そのため，これらを包含する用語として「セレモニー」を用いつつ，分ける必要があるときに，「儀礼」，「儀式」をそれぞれ用いることとする。

　こうすることにより，例えば「結婚」という一連の「儀礼」は，「挙式」という「儀式」や「披露宴」という「儀式」によって成り立っている，という解釈が可能になる。そして，それぞれ個々の儀式要素にせよ，全体をとらえるにせよ，「セレモニー」という表現によって包含することができる。さらに，これらはいずれも，日本人にとっての宗教的価値観，すなわち，周囲の人たちとの関係こそを重視するという点とも整合性が取れるということになる。

　また，主たる目的が関係性の変化に対応することであれば，儀礼や儀式，あるいはセレモニーと呼ばれ，超越的・宗教的な目的をもって挙行されるものについては「まつり」と呼ばれることになる。その場合，多くは「祭」の字があてられるが，この点については後で詳しく検討する。

2.　セレモニー把握の方向性

（1）セレモニー分類の試み

　以上の前提をもとに，セレモニーの概略を把握するために，もう少し踏み込んで考察していく。

　ラ・フォンテインも，前出のヘネップの研究に言及しつつ，セレモニーの種類について論じている（綾部訳（2006），pp.26-33）。これをまとめると，以下のと

おりである。

そもそもは、人間が特定の領域を仕切る物理的な境界や、社会における多様な境界を超えて変化する必要がある場合、すなわち、境界を「通過」する必要が生じた際に、「通過儀礼」が必要とされるようになった。そして、その背景として、こうした変化が当該社会において潜在的な危険を内包しているととらえられることにより、聖なるものとして儀礼的な対応をするようになったのである。つまり、変化が生じることにより、周囲との関係性も変化することで、想定外の危険が生じることを防止したいという人間の想いが儀礼を必要としたことになる。

そのうえで、この通過儀礼は「分離儀礼」、「過渡儀礼」、「統合儀礼」の３つに分けられる（綾部訳（2006），p.27；綾部・綾部訳（2012），p.22）。すなわち、それ以前の世界からの分離の儀礼、過渡期に執り行なわれる儀礼、新しい世界への統合の儀礼である。まとめると、ヘネップは、儀礼が行なわれるのが特定の文化圏からの離脱、その中での変化、そして他の文化との統合という、興味深い視点を提示している。そのうえで、こうした全体像を通して初めて儀礼の正体も明らかになると主張する。

そうなると、前項の議論も踏まえれば、その一連のプロセスの時点ごとで執り行なわれる定式化された行為について、われわれは儀式として把握する、ということになる。

ただし、この視点に対しては批判も多く、ラ・フォンテインも目的と手段の混同についてなど、批判的に論じている。すなわち、儀礼によって特定の状態に固定されるという状況が、儀礼の必要性にもなっている点について、循環論法的であり説明が不十分であるとする（綾部訳（2006），pp.29-31）。

しかし、そのような不十分な点もあるとはいえ、分離的、過渡的、統合的の三分類は、儀礼を把握する上で有用であり、特に、そのプロセスにおいて実行される儀式の分類には寄与するものであると判断できよう。

一方、倉林（2011）は「儀礼文化」という表現を用いて、これを生活の儀礼文化、芸術の儀礼文化、宗教の儀礼文化に三分類している（pp.30-46）。生活に関連するものが年中行事や料理、芸術に関連するものが茶道、華道、香道、武

道など，宗教に関連するものが祭式や有職故実であるという。この場合，料理は有職故実から派生した有職料理というジャンルも存在したことから，単なる生活の側面としてのみならず，宗教的な意義も食に込められていたことがうかがえる。

　そして，この立場も採用すると，分離的，過渡的，統合的という軸のみならず，生活，芸術，宗教という軸も考察に加えていく必要が生じてくる。このうち，生活と宗教については，年中行事のように人間の成長プロセスにかかわるものや，祭（祭式）のように，例えば「作物の豊作」を「神に感謝」するという，まさに「食物」と「神」と「われわれ」という関係性の視点から考察することが可能となる。そして，それを支える「ツール」が芸術，ということになる。

　ただし，まつりを分離，過渡，統合のいずれかに帰着させることは難しい。豊穣を神に感謝するというスタンスからすれば，そして共同作業の一区切りであるととらえるのであれば，分離儀礼ということになるのかもしれないが，一方で共同体の一員としての確認といった側面も否定できない。そこで，次にまつりに関係する要素について検討する。

（2）「まつり」を取り巻く諸要素

　「まつり」という言葉には，「祀り，祭り，奉り，政り」といったさまざまな漢字を当てはめることが可能である。そして，それだけ多くの意味があるはずなのだが，現代の日本人の多くは，こうした相違を意識する機会はほとんどなくなっている。

　この「まつり」の語源は諸説あり，さまざまな解釈がされてきた。柳田国男は，「まつらふ」を語源とし，尊い主体の傍で仕え奉ることであるとする（柳田（1962）など）。一方，折口信夫は，

　　　まつるの原義は，やはり，神言を代宣するのであつたらしい
　　（折口博士記念古代研究所（1965b），p.446）

としたうえで，

第1章　セレモニーとイベントの概略　9

　　　かうして，祭りが，幣帛其他の献上物を主とするものゝ様に考へられて
　　來て，まつり・まつりごとに區別を考へ，公事の神の照覧に供へる行事を
　　政といひ，献上物をして神慮を和め，犒ふ行事としてまつりを考へわけた
　　（同上書，p.447）

としている。
　また，『民俗學辭典』によれば，「祭り」は，

　　　神霊をよび迎えてそれを慰め和ましめること。神でなく死者の霊に対し
　　ても用い，小は家の祭から大は数郡にまたがっておこなわれるものもある
　　（p.539）。

としており，いわゆる「神」に対してのものと死者の霊に対するものとの双方
を挙げている。そこで，『類語辞典』を引いてみたところ，「まつる」は

　祭：「神をおがむこと。春・秋など定まった時節に恒例のまつりをすること。
　　　　字形は犠牲の肉をささげて神前に供える形を表す。」
　祀：「祭りがながく絶えないこと。常にまつること。人を神としてまつるこ
　　　　と。」
　奠：「酒だるを台の上にのせて神をまつること。」
　祠：「本義は春神をまつること。転じて，まつり，ほこらのこと。」

の相違があるとしている（p.601）。
　そして，『語源大辞典』によれば，

　　　神を儀式によってあがめる。神の座に侍座して，しばらく時をすごすこ
　　と。マツラウと同系の語。マツリは，本来，神前に奉仕して，神の思（お
　　ぼ）し召しを承ること。マツラウは服従することで，奉（まつ）ると同源。

といった説明をして，

　　　漢語の「祭」には，先祖のマツリで，法事とか供養に限った意味があっ
　　た。そして「祭礼」という漢語は，祭りの中でも，見物人が集まるにぎや

かで楽しいものをいい，提灯（ちょうちん），はためく幟（のぼり），神輿（みこし），風流（ふうりゅう）と呼ばれる美しい行列を伴うもの。夕方から朝までの一夜，屋内で神に奉仕したのが古代のマツリで，漢語の祭礼は昼のものであった。（いずれも p.236）

とも論じられており，昼夜の違いなどについても言及されている。

　さらに，『全訳 漢辞海 第三版』には，

　　祖先に捧げるのを「祀」，神仏に捧げるのを「祭」，宗廟（＝祖先の霊を祭ったみたまや）で捧げるのを「享」という。（p.1010）

とも述べられている。

　以上をまとめると，そもそも「まつり」とは，人間が統制不可能な現象に対して，自身に都合が良い方向になるよう，超越的な存在に頼るという前提が置けそうである。現代でも，初詣や入試で，少しでも可能性を高めるために祈る人々を見ていると，その感が強くなる。すなわち，中国から漢字が入ってくる前から「まつり」という概念があり，それぞれの文字に共通する要素となっていたことがうかがえる。

　そしてその「まつ」る対象の相違によって，「祀り」は神などに祈ること，「祭り」は魂や霊を慰めることとなっており，「奉り」は（祀りや祭りの際に供物を）献上すること，そして「政り」は祭祀と政治が一致している状況を指しているといえるだろう。

　ここで，それぞれの漢字が持つ大本の意味を踏まえ，「冠婚葬祭」における用例なども含めて考えると，神職が行なう神との交信を軸とした「祀り」と，先祖崇拝などを含む霊魂を慰める「祭り」との相違は，きちんと区別しておくべきであろう。しかし，これらは同じ「まつり」という読みでくくられ，今では前者の漢字を使うこともあまりなくなってしまった。あるいは，「祭祀」という熟語でくくられるようにもなっている。その結果，違いが分かりにくくなってしまっているわけであるが，その大きな理由は以下のようにまとめられる。

　わが国では純粋な「神」を「祀」る「まつり」以外にも，怨霊神として

「祭」られた菅原道真や崇神天皇のような例があり，その霊を慰めるために定期的に行なわれる「まつり」が民衆の間でポピュラーになっていった。そのため，「祀り」と「祭り」の相違を分ける必要がなくなってしまったと思われる。背景には，前に述べたように，唯一絶対神がなく，むしろ周囲の人間との関係こそが「絶対」であるわが国の民族性も背景にあるだろう。また，先祖を「祭」るお盆やお彼岸が，こうした「祀り」や「祭り」と同じような時期であることも，大きな影響を及ぼしていると考えられる。

　なお，「祭り」と「祭礼」とを区別する場合もある。宇野（2002）は，年に何度も行なわれる「祭り」のうち年に一度，あるいは数年に一度行なわれる大きな祭りを「祭礼」と呼ぶとしている（p.21）。そして，この祭礼は，天変地異を引き起こしかねない「荒らぶる神」に対して，お祭りをすることで機嫌を良くしてもらうことを目的としているという（p.22）。この荒らぶる神こそ怨霊神であり，そのような神に対する祭りこそ，人々が力を入れてきたというわが国ならではの環境もうかがえる。

　なお，その際に献上する行為が「奉り」であり，古代から中世にかけては，政治家の仕事が「奉」ることによってまさに「祀る」あるいは「祭る」ことであった。そのため，「政り」という用法にもつながっていったようである。

（3）現代におけるまつり

　それでは，こうした超越的な存在に対する宗教的要素が薄れた現代におけるまつりの存在理由はなんであろうか。あるいは，そのような現代においてもなおまつりが挙行され続けている環境における，神や怨霊に祈ること以外の社会的意義とはなんであろうか。

　祀りにせよ祭りにせよ，そもそもなぜまつる必要があるかといえば，これも前に述べたように，一つには作物や獲物の豊穣を神に祈るというものがある。これは，原始的な社会から連綿と行なわれてきていると推測され，いずれも生命の「分け前」に与かれた自分たちが，逆に生命の「象徴」によって豊穣を祈るということである[1]。これはまさに「奉り」である。

　また，かつては天変地異や疫病の蔓延なども神や怨霊の仕業と考えられてい

たため，「祀」ったり「祭」ったりしていたということになる。

　ただ，もしもそういった理由だけがまつりの存在理由なのであるならば，中世以降，徐々に天変地異や疫病の原因が明らかになるにつれてまつりが実施されなくなっていき，今では必要のないものになっていてもおかしくはない。現在でもまつりが行なわれているのには，もう一つ，「ハレ」と「ケ」に対する人間の態度の相違が挙げられよう。

　なにがしかの節目であり，特別な日である「ハレ」に対し，日常の状態が「ケ」である。両者とは別に「ケガレ」もあるという考え方もあり，この論争には決着がついているとはいえない。この点はあとで深く考察する。

　なお，柳田（1993）は，「ハレ」と「ケ」の境界が曖昧になってきていることに言及している（p.29）。その点からすれば，「ケガレ」の有無は別として，少なくとも日常的な「ケ」の領域が広くなっていき，「ハレ」を含む「ケ」以外の機会が激減していることが理解できよう。そして，数少ない「ハレ」の機会として，まつりが認識されていると考えられる。

　以上の前提を踏まえると，多くの日本人にとって，現代の「まつり」は「ハレの貴重な機会」というものではなく，「少なくともケではないイベント」に変節してきているのではないかという前提が置かれる。

　全国で実施される「まつり」のうち，動員数が多いものは，博多祇園山笠（福岡市，最終日の「追山」で約70～100万人程度，15日間の開催期間中合計約300万人），青森ねぶた祭り（青森市，6日間の期間中合計約250～300万人），博多どんたく港まつり（福岡市，2日間で約200～240万人），さっぽろ雪祭り（札幌市，7日間で約240万人），仙台七夕まつり（仙台市，3日間で約200万人），YOSAKOIソーラン祭り（札幌市，5日間で約180～200万人），三社祭（東京都，3日間で約150～180万人）といったところが上位を占めている（カッコ内は開催都市と期間，動員数）。このうち，「祀り」または「祭り」として開催されているものは，「櫛田神社祇園例大祭」と「浅草神社例大祭」が正式名称である博多祇園山笠と三社祭だけである。ただ，「博多どんたく」は，江戸時代以来「年賀行事」として行なわれてきた。

　以上のように，近年では，神事としての祀りや祭りよりもむしろ，こうした

「イベント」としての「まつり」の方が人を集める傾向が高くなっている。そして，逆に集客こそを目的として実施されているケースも多い。詳しくは第4章で考察するが，例えば，2016年で50回目を迎えた「麻布十番納涼まつり」は，多くの模擬店が出店されることが基本のイベントである。なんら神事としての行事はなく，2011年までは3日間の開催であったが，2012年以降2日間に縮小されつつ，現在も約30万〜50万人が来場している。

　同様に人を集めるイベントとしては，コミックマーケットなども挙げられよう。1975年に第1回「コミックマーケット」が虎ノ門の日本消防会館（ニッショーホール）会議室で開催され，32のサークルが参加し，推定で約700名の参加者があった。これが拡大し，2016年8月12日から14日の3日間，東京国際展示場（ビックサイト）で開催された「コミックマーケット90」は，約34,000のサークルが参加し，約53万人の参加者総数となった。このイベントも「まつり」なのだという。

　あるいは，スポーツや音楽のイベントも同じように検討することができよう。
　まず，スポーツでは，2016年におけるプロ野球の1試合最大動員数は5月13日（金）の巨人・ヤクルト戦で，46,810人であった[4]。また，同じく2016年の東京マラソンの参加者数は，出走者数が36,648人であった[5]。沿道の応援も含めると，160万人が参加しているとの説もある（日本経済新聞2016年2月24日朝刊，p.38）。

　そして，俗に「夏フェス」と呼ばれる夏に野外で開催される音楽フェスティバルでは，JOIN ALIVE 2016が2016年7月16日と17日の2日間にわたって北海道の岩見沢市で開催され，約3万6千人，FUJI ROCK FESTIVAL'16は7月22日から24日の3日間にわたって新潟県苗場スキー場で開催され，前夜祭も含めると約12万5千人，SUMMER SONIC 2016は8月20日と21日の2日間，東京会場と大阪会場の合計で約20万人弱もの参加者があった[6]。

　こうした状況は，常設の施設などでも，非日常性が高いものには同様に見られる。例えば，テーマパークはまさに非日常性に彩られている場所であり，むしろ「非日常」であることが「日常」であり，来場者の多くは，まさにこの「非日常」を求めて来場していると考えられる。『月刊レジャー産業資料』2016年8月号によれば，2015年度の各施設の年間入場者数は

東京ディズニーランド・シー（千葉県）	：30,191,000人
ユニバーサル・スタジオ・ジャパン（大阪府）	：13,900,000人
ハウステンボス（長崎県）	： 3,107,000人
サンリオピューロランド（東京都）	： 1,580,000人
琉球村（沖縄県）	： 1,360,000人

となっている。単純計算で東京ディズニーランド・シーには毎日10万人近く，ユニバーサル・スタジオにも毎日4万人弱が来場しているということになり，まさに毎日が「まつり」であるといえるのではないだろうか。

　最後に，インターネットの世界における「まつり」というものについても言及しておきたい。多くの人が特定のページなどにいっせいに書き込みをするような状態になっていることを「祭り」という。これも，「同じ場」に多くの人たちが関係するという点で，やはり共通項があるということを忘れてはならない。

　以上のまつりやイベントの共通項は，多くの人たちが共通の目標や目的のもとで，特定の日時に特定の場所でなんらかの行為を行なったり，それを見学したりしているという点にある。そしてまた，「ケ」ではなく，「ハレ」の状況となっていることもポイントといえるだろう。

　こうしたことから，いずれの事象も，参加者たちにとっては「イベント」になっており，「まつり」のイベント化，汎用化が認められる。まつりには「非日常のイベント」的な要素も付帯しているが，そこでは多くの参加者の「一体感」が醸成されていることも無視できない。すなわち，その瞬間に急速な関係性の変化が生じているともいえるのである。

3.　環境変化とセレモニー・イベント

（1）ケとハレ，ケガレとハライ

　以上の議論をもとにして，セレモニーを取り巻く諸要素の関係に視点を移してみよう。

　前に述べた分離，過渡，統合という「変化」は，それほどしょっちゅう生じ

ることではない。むしろ，非日常的に，たまに生起するものであると考えられる。そこで，まずは前項での「まつり」を取り巻く議論も踏まえ，この日常と非日常という視点で，セレモニーについてさらに検討していく。

　一般に，日常の状況は「ケ」とされ，非日常のうち「ハレ」は清浄な状況を，そして「ケガレ」は不浄な状況を指すと解釈されている。しかし，これに関して近藤（1997）は，興味深い考察をしている。ここでは，花嫁が「ケガレ」とされる状況があったことに着目し，「ケ」と「ハレ」，そして「ケガレ」の三項対立ではなく，自身が以前の研究でも対象とした「ハライ」の要素を含め，以下のように説明している（pp.243-245）。

　ケの状況から，新しい状況に変化させるためには，莫大なエネルギーが必要となる。そのため，ハライとしてのセレモニーを通じて非日常としてのハレの状況を創出しなくてはならない。この新しい状況に変化するためのエネルギーの表出がセレモニーであるということになる。

　しかし，ケからハレへと大きな変化を生じさせた以上，再び日常に戻すためには，その分の反作用が生じざるをえなくなる。近藤（1997）は，その反作用のプロセスがケガレであるという。つまり，ケガレは必ずしも不浄を意味するものではなく，ケガレを通じた日常化がうまくいかなかった場合にのみ不浄という意味を付帯すると主張している。結婚にまつわるこの流れを示したものが図1-4となる。

　ある家に生まれた娘が成長し，結婚をすることになった場合には，花嫁という新しい状況に身をおくことになる。しかし，それまでの「ある家の娘」から「他の家の嫁」へと「変化」するには，自身も，そしてそれを認めるべき周囲も，どちらも大きなエネルギーが必要とされる。そのために「ハライ」という婚姻儀礼としてのセレモニーが執り行なわれ，そしてその反作用として「ケガレ」という日常化儀礼が必要とされることになる，という考え方である。

　ここでいうケガレとは，必ずしも「汚れる」ということを意味しているのではないということには注意する必要がある。これは，いわば「ハライ」を経て「ハレ」というきわめて「プラス」になった状態から，「ケ」という「ゼロ」に戻すための「マイナス」の活動ということである。あくまで，神聖な状態に

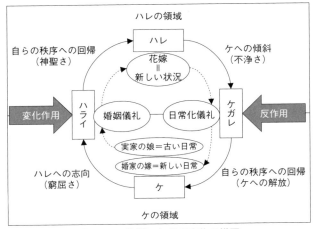

図1-4　結婚における変化の構図
出典：近藤（1997），p.244の図1，p.252の図2をもとに著者作成．

なったところからの「日常化」を，「ケガレ」と称しているにすぎない。

しかし，この視点では，葬儀をうまく説明できないように感じられる。前提として，葬儀もハレであるかどうかについては議論の余地が残っているが，非日常という意味ではここでの議論に影響がないため，仮にハレであるとしておく。そうなると，亡くなった人がハライという変化作用を受けて，ハレの状態，すなわち遺体となり，その後，ケガレとしての日常化儀礼を通過して故人となる，という考え方は，ハライという言葉の持つ語感とは少々相容れないように思える。

これはむしろ逆なのではないだろうか。つまり，誰かが亡くなった際に，ケガレという儀礼を通じて非日常化したうえで，その後の法事などのハライの儀礼を通じて，故人として日常化していくと解釈することができる。

その立場からすれば，この議論は結婚に関するフレームワークと葬祭に関するそれとでは，まったく逆の視点で検討する必要があるということになる（図1-5）。

第1章　セレモニーとイベントの概略　17

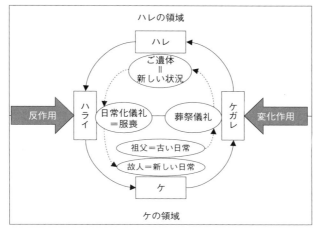

図1-5　葬祭における変化の構図
出典：近藤（1997），p.244の図1，p.252の図2をもとに再検討し著者作成．

（2）関係性の変化を踏まえた視点

　本書では，ここで議論されてきたような「そもそもケガレとは」といった視点での考察を目指しているものではない。ケガレは，インドのカースト制度における不可触民（ハリジャン）に関係するといった議論などもありながら，日本での解釈は，「毛離れ」すなわちわが国でやはり同様な差別を受けていた職業がもとであるといった主張もあるなど，また異なる歩みを持っているため，定説があるとはいえないからである。そこで，本書においては，むしろ，ここでの「新婦」や「遺体」または「故人」のような対象と，それを取り巻く主体との関係に焦点を当てて考察していく。

　その前提として，ケガレとは「不浄的」な活動であり，ハライとは「浄化的」あるいは「清浄的」な活動であることは，やはり「一般的」な感覚としては大きな存在感を持っているといわざるをえない。

　そこで，ケの状態を日常の関係とし，ハレの状態を非日常の関係であるとする。さらに，ケガレが「不浄化」あるいは「不浄」ととらえられがちなプロセスに触れる活動とし，ハライが「清浄化」あるいは「清浄」な状態ととらえられがちなプロセスに触れる活動とする。そのように前提を置いた場合には，ま

た異なる検討が可能となってくる。

これに関連して，皇室における興味深い事例が報告されている。天皇を取り巻く存在にとっては，かつて「次（つぎ）」と「清（きよ）」との相違が重要であったという。昭和初期までの皇室を論じたものに，以下のような記述が出てくる。主体は，天皇の身の回りに存在した「女官」たちである。

> 下半身の肌やそれに付ける下ばき，腰巻き，足袋，靴下，履物類や雑巾などが「次」で，これらのものに触れたら必ず水で手を清めなければならなかった。（高橋・所（2018），p.148）
>
> お局では神経質なまでに「次」と「清」がいわれた。女官（著者注：天皇の日常の世話をする係で，「宮人」ともいい，側室を務める「御側女官」または「お后女官」と呼ばれる者も含まれた）は自分で足袋や靴下をはかず，必ず家来にはかせる。「次」に触れると，そのつど手を「すます」（洗って清める）必要があるからだ。お辞儀をするときでも，畳に両手の甲を付けて頭を下げた。畳に掌を付けると「次」に触れたことになり，すまさなければならないからだ。（高橋・所（2018），p.149）
>
> 賢所の内々陣には神鏡があるが，そこに入るときは「大清」でなければならない。洗濯機，タライ，手桶，雑巾などはすべて「大清」，「清」，「次」と区別している。（高橋・所（2018），p.150）

すなわち，祭祀者としての要素を持つ天皇は，「清」な存在であり，神事をする際には特別な「大清」となる必要がある。これはある意味，神という存在との「関係を形成」するにあたっての，非日常の状態への移行ともとらえられる。

さて，古い日常の状態から，清浄化的な変化儀礼を経て非日常の状態へと移行した際には，皇室の例ほどではないのかもしれないが，それでもその状態があまりに清浄すぎるため，その後，不浄化的な日常化儀礼を経て新しい日常へと移行していく必要がある。この点は，図1-4で示した近藤（1997）の議論とも整合する。逆に古い日常の状態から，不浄化的な変化儀礼を経て非日常の状態へと移行した際には，その状態が日常よりも不浄な状態に置かれてしまうため，やはりその後，清浄化的な日常化儀礼を経て新しい日常へと移行していく

ことになる。

　特に，結婚や死のように，日常からの変化が著しい場合には，こうした日常化プロセスが大きな意味を持ってくることになる。これは個人的な儀礼のみならず，集団的な儀礼でも同様である。例えば，いわゆる「まつり」のあとに，まさに「宴のあと」のような喪失感を経て日常に戻っていくのがその好例である。人間は非日常を求めつつも，やはり「冷却期間」のような日常化プロセスがなくては日常に戻っていくことはなかなか難しいということがその背景にある。

　このようにとらえると，冠婚のような清浄化的なプロセスも，葬祭のような不浄化的なプロセスも，いずれも一つのモデルで説明することが可能になる。すなわち，日常の状態における古い日常の関係から，変化儀礼を経て非日常の状態における非日常の関係へと移行し，その後，日常化儀礼を経て新しい日常の関係へと移行するのが一連のセレモニーということになる（図1-6）。

　こうした儀礼は，そのまま引き継がれるものもあれば，そのまま消えてしまったものもある。また，形を変えて受け継がれているものも存在する。例えば，結婚にまつわる儀礼においても，過去に一部で存在した，花嫁をケガレとして扱う日常化儀礼が，現代では新婚旅行などの形に変化したともいえるのである。

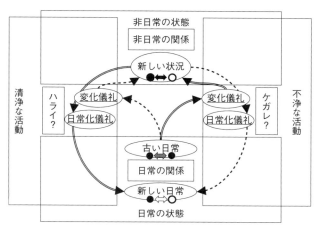

図1-6　関係性を軸とした変化の構図
出典：近藤（1997），p.244の図1，p.252の図2をもとに著者作成．

なお，近藤（1997）では花嫁が傘をさしかけられたり角隠しや綿帽子を用いたりすることも，このケガレにまつわる視点から考察している（pp.238-239）。しかし，増田（2010）のようにジェンダー観を根底に置く視点もある（pp. 143-147）。こうした多様な視点に対しても，この非日常の状態をめぐる両周りのルートは競合しない点もポイントとなろう。

さらに，ラ・フォンテインは，セレモニーにおける娯楽的要素についても指摘している（綾部訳（2006），p.245）。これは，現在のまつりにもつながる事実であり，人間の「非日常」に対するアプローチをも象徴していよう。この点を重視して，超越的・宗教的要素を排して開催される事象が，「イベント」ということになる。そして，セレモニーにおける儀式と同様に位置づけられるのが，イベントにおける「式典」ということになるだろう。

4. セレモニー・イベントに対するニーズと分類

図1-6で示したモデルは，前項でも軽く触れたように，個人とそれを取り巻く関係のみならず，集団とそれを取り巻く関係における儀礼にも適用できる。それまで高校生だった「生徒」たちが大学に入る際には，入学式という変化儀礼を通じて非日常の状態へと移行する。その後，ガイダンス期間におけるさまざまなイベントという日常化儀礼を経て，新しい日常，つまり「学生」の状態へと移行することになる。

ただし，この日常化儀礼は，必ず行なわれるというものでもない。軽微な変化過程の場合には省略されることも多いようである。入学式や卒業式は挙行されても，進学式は特に行なわれない。また，企業でも，一括採用のわが国では，入社式は実施しても，退社式は行なわれず，個別的な送別会となる。

個人でもこれは同様で，毎年の誕生日を含む成長過程のものには，日常化儀礼がないものがほとんどである。七五三ではせいぜい写真を撮ったりしたあと，家族と食事をともにするくらいであり，冠，つまり成人式も，現代では自治体主導で行なわれ，かつ日常化儀礼も特に執り行なわれていない。

成長過程においては，その日（とその前後数日）を境に，大きな変化が生じ

るというものではないため，特別な日常化儀礼をあまり必要とせずとも非日常性の薄い状態となっていく。その結果として，日常化儀礼が行なわれないか，行なわれても簡単なものになることが多いと考えられる。

　ただし，「婚・葬・祭」を含め，いずれもその後に周囲の人々との「共食」という行為が含まれるため，これも一つの日常化プロセスと考えることができよう。

　また，その「変化のインパクト」の度合いも，時代によって変わることが想定される。かつての結婚は「家と家」とのつながりという意識が強かったため，結婚とは周囲の人々を巻き込んだきわめて大きな変化であったととらえられる。しかし，最近の結婚はあくまで当事者二人の関係の変化ととらえられることが多くなってきたため，「ナシ婚」に代表されるように，特にセレモニーをしないというカップルが増加している。このような，周囲に及ぼす変化の影響の大きさが時代によって変わると，日常化儀礼の必要性も変わってくることになる。

　そして，前に検討した，儀礼と儀式との関係も別の説明が可能となる。すなわち，図1-6で示したような，日常の状態から非日常の状態を経て，再度日常の状態に戻る流れ全般こそが儀礼であり，その中で執り行なわれる個々の「イベント」が儀式であるともとらえられるのである。ただし，現代のイベントは，超越的・宗教的観念からは解放されていることが多い。また，重大な儀礼ほど，日常化儀礼における儀式の数が増えたり，儀式が「重い」ものや「厳粛な」ものになったりする必要が生じる。儀式が重くなる，あるいは厳粛なものになる必要が生じれば生じるほど，人智を超えた存在，すなわち宗教的な力を借りる必要が生じ，倉林（2011）がいうところの宗教の儀礼文化として定式化していったということが想定される。

　以上，なんらかの主体が非日常の状態へと変化する度合いの大きさに応じて，周囲との関係を新しい状態へ移行するためにセレモニーが必要とされる，ということが見えてきた。そして，その新しい状態が，それ以前の状態と異なっていればいるほど重大なセレモニー，すなわち儀式の数が増えたり重く厳粛な儀式が必要とされるようになる可能性がうかがえる。

　ここまでの枠組みを，ヘネップの「分離儀礼」，「過渡儀礼」，「統合儀礼」の

表1-1 儀礼分類の一例

	分離儀礼	過渡儀礼	統合儀礼	（変化度合）
生活	卒業式	年中行事	入学式 入社式	小
宗教	葬儀（社葬） 祭礼（法事）	七五三 冠（成人）	誕生 結婚	大
（変化度合）	大	小	大	
（支える要素と しての）芸術	茶道，華道，香道，武道…			

出典：Gennep (1909)（綾部・綾部訳 (2012)）・倉林 (2011) をもとに著者作成（なお，変化度合については著者の判断であり，客観性を十分に保持しているとはいえない）．

三分類と倉林 (2011) による生活の儀礼文化，芸術の儀礼文化，宗教の儀礼文化の分類にあてはめると，表1-1のようになる。ここからもやはり，分離儀礼や統合儀礼のように変化が大きい個人的な儀礼は，宗教の力を借りていることがうかがえる。また，最近の生活儀礼の多くは，組織によるものが多くなり，個人として執り行なわれるものも，実際には多くが商業的な流れの中に組み込まれつつあることがうかがえる。

また，現代のわが国では，表1-1において，ケガレ的な儀礼の多くは仏教が対応し，ハライ的な儀礼の多くは神道が対応しているようである。これは，一つには江戸時代に確立された檀家制度により，一般人の死に関することは寺が受け持つことになったという背景がある。

いずれにせよ，儀礼や儀式といったセレモニーとは，個人の変化前後との関係性，周囲の集団との関係性など，関係の変化に対応するために挙行されるものであり，超越的・宗教的なことがらについてはまつりとされてきたが，最近ではこのまつりがイベント化してきたということが理解できよう。

興味深いのは，科学万能の現代社会においても，多くの人々はこうした超越的・宗教的なものごとに対する態度を捨て去ってはいないということである。これは，セレモニーを取り巻く議論に大きな影響を及ぼし，本書の議論における大変重要なポイントとなる。

（徳江順一郎）

第1章　セレモニーとイベントの概略　　**23**

■注

（1）吉岡訳（2011b），pp.68-87.に多くの例がみられる。穀物でも人の形にして奉げたりしているところが，まさにこうした生命の象徴になっているともいえる。

（2）桜井（1984）にはこの議論のプロセスが詳述されている。

（3）『月刊レジャー産業　資料』各号より上位を抜き出した。

（4）「プロ野球 Freak」（http://baseball-freak.com/：2016年11月30日アクセス）

（5）「東京マラソンプレスリリース」（2016年4月7日）より。

（6）「And More!」2016年12月9日（http://andmore-fes.com/special/28245/：2016年12月11日アクセス）

■参考文献

Frazer, George James （1936）, *The Golden Bough : A Study in Magic and Religion*, 3rd. ed. Macmillan and Co.,

Frazer, George James, Mary Douglas & Sabine G. MacCormack （1978）, *The Illustrated GOLDEN BOUGH*, Cambridge.（内田昭一郎・吉岡晶子訳（1994），『図説金枝篇』東京書籍，吉岡晶子訳（2011a），『図説金枝篇・上』講談社，吉岡晶子訳（2011b），『図説金枝篇・下』講談社．）

Freud, Sigmund （1948）, *Gesammelte Werke, chronologisch geordnet*, Imago Publishing.（中山元訳（2007），『幻想の未来／文化への不満』光文社．）

Gennep, Arnold Van （1909）, *Les Rites de Passage*, Librairie Critique.（綾部恒雄・綾部裕子訳（2012），『通過儀礼』岩波書店．）

La Fontaine, Jean Sybil （1986）, *Initiation*, Manchester University Press.（綾部真雄訳（2006），『イニシエーション』弘文堂．）

青木保（2006），『儀礼の象徴性』岩波書店．

井沢元彦（1998），『逆説の日本史1　古代黎明編』小学館．

井沢元彦（2003），『逆説の日本史2　中世王権編』小学館．

一条真也（2016），『儀式論』弘文堂．

宇野正人（2002），『祭りと日本人』青春出版社．

大石泰夫（2016），『祭りの年輪』ひつじ書房．

奥野義雄（2000），『祈雇・祭祀習俗の文化史』岩田書院．

折口信夫（1929），『古代研究　第二部：国文学篇』大岡山書店．

折口博士記念古代研究所編（1965a），『折口信夫全集　第一巻』中央公論社．

折口博士記念古代研究所編（1965b），『折口信夫全集　第二巻』中央公論社．

倉林正次（2011），『儀礼文化学の提唱——日本文化のカタチとココロ』おうふう．

近藤直也（1986），『ハライとケガレの構造』創元社．

近藤直也（1997），『ケガレとしての花嫁』創元社．

桜井徳太郎（1984），『ハレ・ケ・ケガレ 共同討議』青土社．

新谷尚紀（2009），『お葬式　死と慰霊の日本史』吉川弘文館．

高橋紘・所功（2018），『皇位継承 増補改訂版』文藝春秋．

田中宣一（2005），『祀りを乞う神々』吉川弘文館．

田中久夫（2014），『生死の民俗と怨霊』岩田書院．

智山勧学会（2017），『葬送儀礼と現代社会』青史出版.

筒井功（2010），『葬儀の民俗学』河出書房新社.

増田美子編著（2010），『花嫁はなぜ顔を隠すのか』悠書館.

松平誠（1983），『祭の文化』有斐閣.

八木透（2001），『日本の通過儀礼』思文閣出版.

柳川啓一（1987），『祭りと儀礼の宗教学』筑摩書房.

柳田國男（1962），『定本柳田國男集　第10巻』筑摩書房.

柳田國男（1993），『明治大正史　世相篇』新装版，講談社.

山中正夫（1992），『反柳田国男の世界　民俗と歴史の狭間』近代文藝社.

『語源大辞典』（堀井令以知編，東京堂，1988）

『全訳　漢辞海　第三版』（戸川芳郎監修，佐藤進・濱口富士雄編，三省堂，2011）

『民俗學辭典』（民俗學研究所編，東京堂出版，1951）

『類語辞典』（広田栄太郎・鈴木棠三編著，東京堂，2011）

第2章 宗教とセレモニー

1. セレモニーにおける宗教の位置づけ

　人間の一生におけるセレモニーには，しばしば宗教がつきまとう。それは，前章で論じたように，大きな変化を迎えるにあたり，それをスムーズに進めるために宗教的な力を借りる必要が生じることが大きな理由の一つである。

　しかし，結婚にまつわるセレモニーにおいて，キリスト教は挙式のための場を提供し，司式は神父や牧師が行なうなど大きな役割を果たしているが，イスラム教はほとんど関与することはない。ただし，結婚に関連する事項には当然のことながらイスラム教にもさまざまな規定があり，大いに関与しているともいえる。また，わが国の宗教として大きな位置を占めているのは神道と仏教であるが，冠婚に関しては神道が，葬祭に関しては仏教が，それぞれ大きく関与している一方で，その逆の対応がなされることは，一般人にとってはほとんどないといえる。

　このように，宗教によってセレモニーとのかかわりに相違が生じるのは，その宗教を取り巻く民族性・民俗性，文化，地理的特性など，さまざまなものが考えられる。そこで，セレモニーを考えるにあたっては，一度，簡単に全体を整理しておく必要があるだろう。

　また，これも前章で検討したように，まつりにも宗教はつきものであることが多い。というよりも，まつりこそが宗教的行動の発露であるとみることもできよう。超然的な存在に祈ることこそが，宗教の存在意義の一つであるとも考えられるからである。

しかし，現在のように科学万能の世の中になっても，こうした超然的な存在に祈る活動は続けられている。ということは，そこには他の目的もあるのではないだろうか。

また，近年ではセレモニーあるいはイベントの開催に際して，異なる宗教の人々が一同に会することが多くなってきた。その場合，食事に関しては宗教的な制約が生じることがあり，この点を知らずにセレモニーやイベントを執り行なうことは不可能となってきた。

以上から，宗教面にも検討を加えることなくして，セレモニーやイベントについて深く知ることは難しいだろう。そこで本章では，世界三大宗教とされるキリスト教，イスラム教，仏教と，キリスト教やイスラム教に大きな影響を及ぼしていると思われるユダヤ教，そしてわが国固有の宗教である神道について，概略を整理しておきたい。とはいえ，あくまでも本書は宗教学を語るためのものではないので，いずれもごく簡単な説明となっている点はご容赦賜りたい。

2. ユダヤ教

（1）ユダヤ教の概要

唯一神のヤハウェを神として，『タナハ』を聖典とし，モーセが伝えた口伝律法をはじめとしたさまざまな律法で構成される「タルムード」と呼ばれる文書に記載された詳細な規則にしたがって生きることを課す宗教がユダヤ教である。

この『タナハ』は，モーセ五書（創世記，出エジプト記，レビ記，民数記，申命記）と預言者，諸書からなっている。内容的にはキリスト教でいうところの『旧約聖書』とほぼ同じであるが，順番が異なるなどしている。

このうち，「創世記」によれば，ユダヤ人のはじまりは以下のように記されている。

遊牧民だったアブラハムの一族が，神との間で，「カナンの地」（現在のパレスチナ）を与えるという契約を結び，ここに定住した。このアブラハムの子がイサクであり，イサクの子がヤコブである。彼は天使との格闘を制し，イスラ

第2章　宗教とセレモニー　27

エルという名前を与えられた。異論もあるが，彼の12人の息子たちはのちに12部族に分かれるに至ったとされる。

　彼らはやがてエジプトに移住するが，エジプトでは奴隷として扱われ，苦難の日々を過ごすことになる。しかし，紀元前1280年頃に，エジプトで生まれたモーセ（一般には「モーゼ」ともいう）が神託を受け，彼らを約束の地に戻す使命を受けた。モーセは数々の奇跡を起こし，エジプト王のファラオから民族の帰還の許しを得ることに成功した。出発に際して，神の指示により，子羊の肉と酵母を入れないパンを皆が食べたが，これは後で述べる「過越祭」の起源であるという。しかし，ファラオから軍隊が差し向けられ，葦の海に追い詰められてしまった。そこでモーセが杖を一振りすると，海が割れてエジプトを脱出することができたうえ，後を追ったファラオの軍勢は，海が戻ったために海に沈んでしまった。この話は有名である。

　その後，彼らはモーセを通じて神の力を借りて荒野を旅した。シナイ山が近づくと神が現れ，モーセは十戒を受け，神は民と契約を結ぶことになった。これで「十戒を中心とした戒律を守ることでイスラエル人が救われる」という契約が成立し，一神教としてのヤハウェ神への信仰が深くなることにつながっていった。

　このモーセの「十戒」については，『旧約聖書』の「出エジプト記」20章3節から17節，「申命記」5章7節から21節に記述がある。

　　① わたしはあるという（著者注：永遠の）あなたの神であり，エジプトからあなたを救い出した。
　　② あなたはほかに神を求めてはならず，偶像を造ってはならない。
　　③ わたしはあるという（著者注：永遠の）神の名をみだりに唱えてはならない。
　　④ 安息日を覚えてこれを聖とせよ。
　　⑤ あなたの父と母を敬え。
　　⑥ あなたは殺人を犯してはならない。
　　⑦ あなたは姦淫してはならない。
　　⑧ あなたは盗んではならない。

⑨　あなたは偽証してはならない。（著者注：隣人に限らない）

⑩　あなたは貪ってはならない。（著者注：隣人に限らない）

　これは，キリスト教やイスラム教でも重んじられているが，どこに要点を置くかで解釈が変わってくることに注意が必要である。

　さて，再びカナンに定住したイスラエル民族は，12部族で繁栄を迎え，やがてイスラエル王国を建国してエルサレムに首都を置いた。しかし，ソロモン王の死後，紀元前922年に南北に分裂してしまった。10部族からなる北のイスラエル王国は紀元前722年にアッシリア王国によって滅亡させられ，2部族からなる南のユダ王国はかろうじて生き残り，これがのちのユダヤ人となる。

　紀元前586年にユダ王国は新バビロニアによって滅ぼされて，ユダヤ人はバビロンに連行された。これを「バビロン捕囚」という。彼らは，その苦境の原因は，戒律を守らないという形で神との契約を破ったからであると考え，神との契約を重んじる意識がさらに醸成され，その後のユダヤ教の骨格をなすようになる。また，この捕囚によってむしろ宗教的・文化的アイデンティティを強めることにもなり，純血主義が強まることにもつながった。

　紀元前539年にペルシア帝国がバビロンを占領したことによってユダヤ人は解放され祖国に帰還した。そして，戒律一覧表を作るなどして，形式が整えられていくことになる。やがてペルシア帝国がアレクサンダー大王によって滅ぼされ，ヘレニズム時代を迎えると，ユダヤ人はアレクサンダー大王やギリシア人との対立を深め，さらなる結束を深めることになる。その結果として，その後，ユダヤ人が世界中に散っていく中でも独自性を守っていくことにつながった。

　ユダヤ教では，神との契約で定住したことがはじまりであったこと，神との契約である十戒が基本になっていることに象徴されるように，契約というキーワードがポイントになる。その結果，その後の商業化社会においては，これがきわめて強みになり，ユダヤ人の再結束，すなわちイスラエル建国につながっていったという側面もある。

　なお，ユダヤ教では，ユダヤ人だけが神の恩寵を受けられるとされている。

第2章　宗教とセレモニー　29

（2）ユダヤ教のセレモニー

　ユダヤ教では，モーセによるエジプト脱出に関連する祝祭が多いのが特徴である。なお，ユダヤ教では彼ら独特の暦法であるユダヤ暦を用いていて，祝祭の日もそれに準じている。ユダヤ暦は太陰暦，すなわち月の満ち欠けを基準としており，19年に7回の割合で閏月が置かれる。また，西暦の紀元前3761年10月7日を紀元として計算することにも注意が必要である。

　「ロシュ・ハシャナ」は，ユダヤ暦の新年祭であり，ユダヤ暦における7月にあたる「ティシュリ月」の1日から，本来は10日までであるが，多くは2日までを指す。この10日は「ヨム・キプル（贖罪の日）」であり，レビ記16章に規定されるユダヤ教の祭日であり，ユダヤ教における最大の休日の一つである。なお，グレゴリオ暦では毎年9月末から10月半ばの間にあたる。

　「過越祭（ペサハ）」は，前述のモーセによる出エジプトにちなむまつりである。一般に，家族みなで食卓につき，マッツァー（パンの一種）等の儀式的なメニューの食事を摂る。期間はユダヤ暦における1月にあたる「ニサン月」の15日から一週間である。グレゴリオ暦では3月末から4月頃の満月の日にあたる。

　「シャブオット」は，シナイ山で神から戒律を与えられたことを記念するものであり，安息日となり，肉ではなく乳製品を食べる日となっている。過越祭の2日目の49日（7週間）後に3日間行なわれる。太陽暦では5月または6月となる。

　「仮庵祭（スコット）」は，やはりモーセによる出エジプトにちなんでいる。エジプトを脱出したあと，荒野では天幕に住んだことにちなんで，まつりに際して仮設の家を建てて住むことになっている。ユダヤ暦におけるティシュリ月15日，つまり太陽暦では10月頃に行なわれる。

（3）ユダヤ教のタブー

　ヘブライ語で「カシュルート」という食に関する律法によって，食べてよいものである「コーシェル（コーシャー）」が規定されている。

　食べて良いのは，割れた蹄を持ち，反芻する草食動物と，海や湖の生物の場

合には，ひれと鱗があるものに限られる。そして，屠殺も定められた方法，つまりもっとも苦痛の少ない方法を用いて一瞬で殺さなければならない。そのため，具体的には，鋭い刃物で頚動脈を一気に切ることが基本となる。また，血は完全に抜かなければならない。

　以上から，豚肉（豚は反芻しない動物であるため）や，エビ，カキ，タコ，イカなどは食べることが禁じられている。牛肉は構わないが，血の滴るステーキは否定される。さらに，ジビエのように狩猟されたものも食べてはいけないことになる。

　また肉と乳製品は一度に食べてはいけないとされる。ゆえに，チーズバーガーなどは食べることができない。それだけでなく調理や貯蔵の混用も禁止されているため洗い場まで2つ用意されることがある。

　異教徒が作った，あるいは栓を抜くなどして触れたワインは飲んではいけない。

　なお，前述した「贖罪の日（ヨム・キプル）」には，あらゆる労働が禁じられるため，入浴や化粧などとともに飲食が禁じられている。

3. キリスト教

（1）キリスト教の概要

　ユダヤ教で規則を守れず救われない人を救いたいと考えたイエスが，律法よりも愛を重視して，ガリラヤを中心に宣教をはじめたのがキリスト教である。キリスト教における愛とは，「アガペー」と呼ばれ，神に対する愛と隣人愛の2つから構成される。

　結婚前に，聖霊により身ごもったマリアは，紀元前4年12月25日（諸説あり）にイエスを産んだ。イエスはやがて，ガリラヤ地方でユダヤ教の改革運動をはじめ，新しい考え方を広めていく。紀元30年頃にエルサレムに行き，旧来のユダヤ教指導者たちと論争になったが，結果的には囚われの身となり十字架で処刑されることになった。

　その後にイエスは復活を果たしたとされるが，それを信じる信者たちによりキリスト教の原始教団となる集団が形成される。中心となったのは，12人の使

徒（十二使徒）である。この集団を軸として，ローマ帝国の各都市でキリスト教が布教されていった。

　ローマ帝国は当初，キリスト教の広がりを容認していたが，その後迫害するようになっていく。基本的には黙認されている時代が多かったが，ネロ帝（在位54年〜68年）からディオクレティアヌス帝（在位284年〜305年）に至る期間には何度か迫害を受けている。

　しかし，迫害されつつも各地で着々とキリスト教は存在感を増していった。当時，混乱期であったローマ帝国において，コンスタンティヌス1世（在位306年〜337年）はキリスト教の組織力に目をつけ，自らキリスト教徒になるとともに，313年にミラノ勅令を出し，キリスト教を公認した。しかし，公認されたことによって，むしろ教義におけるさまざまな矛盾点が議論されるようになったため，コンスタンティヌス帝が中心となり，全教会の代表者を集めた会議が開かれることになった。これが第1回の公会議であり，325年に開催された。このニカイア公会議では，「イエスの完全な神性」が認められ，381年のコンスタンティノポリス公会議で神，イエス，聖霊の3者の関係について「三位一体」であるとされた。なお，コンスタンティヌス帝は，次章で詳述するクリスマスにも影響を及ぼしている。

　こうしたプロセスを経て，テオドシウス1世（在位379年〜395年）は，392年，キリスト教をローマ帝国の国教と定め，他の宗教を禁止するに至った。

　テオドシウス1世の死後，395年にローマ帝国は東西に分かれ，東ローマ帝国（ビザンチン帝国）では東方正教会として発展していく。各地の指導者である（総）主教に上下関係がなかったので，国や地域ごとに独立した教会組織となった。

　西ローマ帝国は476年にゲルマン民族によって滅ぼされたが，教会はローマ・カトリックとして生き延びることになった。この結果，ローマ教会はゲルマン人の権力者に対して国王や皇帝としての正当性を与える役割が付帯し，一方でゲルマン人の権力者はローマ教会を経済的，政治的，軍事的に保護するようになった。やがてローマ教会の権勢はきわめて強大となっていったが，十字軍遠征が痛手となり，権威は失墜していった。

その後，16世紀頃，ドイツの修道士マルティン・ルターを中心に教会批判から宗教改革の波が生じ，プロテスタントの誕生や，イングランド国教会と聖公会の出現などにつながっていく。ただし，カトリックも巻き返しを図り，宣教活動を活発に行なう「イエズス会」が設立されるなどした。イエズス会は，プロテスタントの勢力が増すドイツを中心に活動しつつ，ラテンアメリカやアジアにも進出していった。

こうした変化を経て，現在では，ローマ・カトリックやプロテスタント，イギリス国教会などが「西方教会」としてカテゴライズされ，東方正教会を中心とする「東方教会」と対比されることが多い。

（2）キリスト教の祝祭

他の宗教と同様，キリスト教も独自の典礼暦による祭礼があるが，各地の習俗などと融合した結果，教義とは関係のないまつりも数多い。このような前提のもと，わが国でも一大イベントになっている祝祭もあるため，それについては次章で詳述する。

キリスト教では，カトリック，正教会，プロテスタント，聖公会それぞれにおいて解釈が異なる面があるので，祝祭の日も異なっていることが多い。この点は注意が必要である。

（3）キリスト教のタブー

紀元49年頃に開催されたエルサレム会議において，わずかな規定以外は食物規制が廃止されたため，食品に関するタブーはほぼ存在しない。ただし，かつて金曜日はキリスト受難の日とされ，肉食は避けるべきとの考えがあった。これは，一部では現在でも守られている。

一方，正教会では，今でも斎（ものいみ）が重要な位置を占めている。斎は，主として食物の規制であるが，期間内はそれ以外にも遊興を控えたりして，積極的に祈ることが推奨されている。斎は祭と裏表の関係にあり，大きな祭の前には厳格な斎がある。斎ではまず，食品を肉，魚，乾酪類（卵およびすべての乳製品），ぶどう酒とオリーブ油，その他の食品に分け，程度に応じてこれら

の食品が禁止または許可されることになる。降誕祭前日や神現祭前日といったもっとも厳格な斎では，肉，魚，乾酪，酒とオリーブ油が禁じられる。

これに対して，復活大祭につづく週である光明週間や，降誕祭後の一定の期間など，祭および他の定められた時節には，斎が解かれることになる。光明週間では，むしろ斎が禁止されている。

なお，一般信徒においては厳格に守られているというわけではなく，適宜，応用的な対応がなされているようである。

4. イスラム教

（1）イスラム教の概要

唯一神アッラーを信奉するが，アッラーには姿形がないとされているため，偶像崇拝を禁止している。

「イスラム」とは「服従（帰依）する」を意味するアラビア語であり，「ムスリム」とは「神に絶対的に服従する人」を意味している。

開祖ムハンマド・イブン＝アブドゥッラーフが預言者として，唯一神アッラーからの言葉を，天使ガブリエルを経由して預かった。この預言を説き始めたのがイスラム教のはじまりである。キリスト教には12人の使徒（十二使徒）がいたが，ムハンマドは預言者でありかつ自身も使徒の役割も果たした。この点はキリスト教との大きな相違点となる。

ムハンマドはメッカを中心に布教活動をしていたが，やがて迫害されるようになったため，622年にヤスリブ（現在のメディナ）に移住した。その後，メッカ側との抗争がバドルで生じたが，ムハンマドはこれに勝利した。これが624年9月であるため，この月が後に断食月となった。

ムハンマドが最初に受けた610年の啓示から632年の死までの間に，神から受けた啓示をまとめたものが『クルアーン』（コーラン）であり，イスラム教にとってきわめて重要な聖典となっている。また，ムハンマドの言葉（スンナ）をまとめた言行録として，『ハディース』というものもある。ただし，クルアーンは本のような形でまとめられているが，ハディースはあくまで言行の集

合体である。そして、それらを軸にしつつ、具体的に示された信仰内容と実践的な義務とが「六信五行」と呼ばれるものである。

　六信とは、ムスリムが信じるべきとされる6つの対象であり、唯一絶対の神（アッラー）、天使の存在（マラク、ジブリール、イスラーフィルなど）、聖典（クルアーンなど数多く存在）、預言者（ムハンマド以外にアダム、ノア、アブラハム、モーセ、ダビデ、イエスなども含む）、来世の存在（死後の世界）、天命（カダル：人間の運命は神の意志であると考えること）である。

　五行とは、ムスリムに課された義務のことで、

- ・信仰告白：礼拝のたびに「アッラーの他に神はなし。ムハンマドはアッラーの使徒なり」と唱える。
- ・礼拝（サラート）：朝、正午、午後、日没、夜の1日5回、イスラム教で最高の聖地とされる、メッカのマスジド・ハラーム（モスク）にあるカァバ（神殿）の方角（キブラ）を向いて行なう。
- ・断食（サウム）：日の出から日没まで断食をする。詳しくは後述する。
- ・喜捨（ザカート）：義務的な喜捨のことで、自主的なものは「サダカ」という。
- ・巡礼（ハッジ）：聖地メッカのカァバ神殿への巡礼で、少なくとも一生に一度はすべきものとされている。

の5つである。

　なお、イスラム教ではヒジュラ暦と呼ばれる暦法が用いられる。これは、前述したムハンマドによるメッカからメディナへの移住があった西暦622年7月16日を元年と定めて数える暦法である。ムハンマドがメッカから「脱出」したことを意味する「ヒジュラ」と称されている。1カ月が29日の小の月と30日の大の月を、おおむね交互に繰り返す。純粋な太陰暦（月の満ち欠けが基準となる）であるため、太陽暦（地球の公転が基準となる）より毎年11日程度短くなる。

（2）イスラム教の祝祭

　日本人には馴染みがないためあまり知られていないが、当然イスラム教にも

祝祭が存在する。

- ・アーシューラー（フサイン殉教祭）：スンニ派ではムハンマドが定めた断食の日，シーア派ではムハンマドの孫であるイマーム・フサインが，ウマイヤ朝の軍勢に敗れ殉教した日として重視する。ヒジュラ暦１月10日。
- ・マウリド・アン＝ナビー（ムハンマド生誕祭）：ムハンマドの誕生日を祝う祭礼。スンニ派はヒジュラ暦３月12日を，シーア派は17日を生誕の日としている。
- ・ラマダーン：ヒジュラ暦で９月のこと。この月は，日の出から日没まで，断食（サウム）が行なわれる。メッカとの抗争に勝利した日を記念しつつ，貧しい人たちへの共感をはぐくみ，共同体意識を醸成するなど，さまざまな影響がある。
- ・イード・アル＝フィトル（断食明けの祭事）：断食月であるヒジュラ暦９月が終わったことを祝うもので，次の月であるヒジュラ暦10月の１日から３日間にわたって開催される。
- ・ハッジ（大巡礼）：ヒジュラ暦12月８日から10日を中心として，メッカと周辺で開催される諸儀礼。他の期間におけるメッカ巡礼である「ウムラ（小巡礼）」と区別して「ハッジ（大巡礼）」と呼ばれる。なお，ハッジは五行に含まれるが，ウムラは含まれない。
- ・イード・アル＝アドハー（犠牲祭）：ヒジュラ暦12月８～10日のメッカ巡礼から４日間にわたり開催される。羊，ヤギ，らくだなどの家畜を犠牲にささげる。殺した家畜は肉にされて，家族や友人，貧困者らに分けられる。同じものを食べているという意識がイスラム教では重要な意味を持つ。

　いずれも，開祖ムハンマドに関連したものであることが理解できるだろう。また，皆でいっせいに祈ったり苦しみを共有したりして，共同体意識の醸成が図られていることも特徴であるといえる。

（3）イスラム教の特性とタブー

イスラム法とは，信仰や儀礼，あるいは日常生活において，「どうすべきか？」という問いに対する「こうすべき」という神の答えをまとめたもので，アラビア語で「シャーリア」という。スンニ派では，クルアーン，ハディース，イジュマー（ハディースから根拠を抜き出し一致する答えを見出したもの），キヤース（コーランやハディースに類似のケースを見つけて導き出したもの）の４つで構成されるとする。

具体的には以下のような例が挙げられる。

まず，飲食の関連では，豚肉を食すことがタブーである。実際，『コーラン』には豚を食してはいけないということが４回も明言されているという。豚肉そのものだけでなく，スープの出汁として豚骨を使用することや調味料としての使用など，あらゆる形態でも使ってはいけない。そのうえ，豚をさばいた包丁などの調理器具も使えなくなってしまう。

そして，豚肉以外の肉でも，正しい方法でさばいた肉でなければいけないとされている。この点はユダヤ教にも類似する。

さらに，アルコール飲料も禁止されている。そのため，和食でも醤油や味醂のように，製造工程でアルコールが使われているものは使用できない。アルコールに対しては非常に厳しい態度であり，肌につける化粧品や歯磨き糊などもアルコールの添加や生成がなされない製造法のものでなければならない。

ただし，喫煙とコーヒーは禁止されていない。

なお，女性が身につける黒いヴェールは『クルアーン』に具体的に書かれているわけではなく，習慣的に用いられているものである。

一夫多妻制に関して，『クルアーン』では，

　　もし汝らが孤児を公正にしてやれそうもないと思ったら，誰か気に入った女をめとるがよい。二人なり，三人なり，四人なり。ただ，もし公平にできないようならば一人だけにしておくか，さもなくば自分の右手が所有しているもの（女性の奴隷）だけにしておけ

とあり，これが一夫多妻制の根拠とされている。ただ，公平にすることが前提

第2章　宗教とセレモニー

写真2-1 a, b, c　マレーシアのハラール認証機関 JAKIM のマーク
出典：本章内の写真はいずれも著者撮影.

となっているため，実際にはほとんどの場合，一夫一妻であるという。これは，過去に戦闘が絶えなかった時代において，寡婦を救うためであったとの説が有力である。

　一方，結婚にはムスリムの連帯を強めるという意味も持たせられるため，異教徒との結婚は原則として許されていない。ただし，男性は，キリスト教やユダヤ教の女性との結婚であれば許される。結婚に際しては，マハルの額や離婚の条件などを細かく記載した契約書を取り交わす。マハルとは結納金のようなもので，結婚時に半額が支払われ，残りは離婚などのときに支払われる。これは，女性の学歴や社会的地位，資産，見た目などによって金額が決められるそうである。高学歴だとマハルが高くなりがちであるが，そのために結婚できない女性もいるという。

　イスラム教には，神父や牧師に相当する者がおらず，教会もない。モスクは，あくまで礼拝をする場所であるにすぎないからである。そのため，結婚式は任意の場所で執り行なわれることになる。これはキリスト教との大きな違いであると考えられよう。

　そして，死者は「最後の審判」のときに蘇ると信じられているので，決して火葬にせず，顔をメッカの方向に向けて土葬にする。

　イスラム教徒はきわめて多く，一説には16億人前後いるとされる。そのため，

イスラム法のとらえ方も国によって異なり，非常に厳しい規制が課されている国から比較的自由な国まで多岐にわたっている。サウジアラビアには，一切アルコールを持ち込めないが，マレーシアやモロッコなどでは比較的自由に飲酒が可能である。また，アラブ首長国連邦の中でも，ドバイ首長国は比較的寛容であるが，シャルジャ首長国はかなり厳しいなど，首長国間でも差がある。

5. 仏教 [(2)]

（1）仏教の出現

よく知られているように，仏教は古代インドにおける釈迦族の王子であったゴータマ・シッダールタ（釈迦牟尼世尊（紀元前463年頃〜383年頃？）：釈尊や釈迦と略されることが多い）が説いた教えが元になっている。29歳のときに，生老病死の苦悩を解決すべく出家して，35歳のときに菩提樹のもとで悟りを成就した（竹村・高島（2013），p.14）。

ここでの基本的な考え方は，断穀と座禅を修行の中心に据え，輪廻からの解脱を目指すものである。この釈迦の教えを伝えるものとしては『阿含経』が挙げられるが，ここでの教えの中核は以下のようなものである。

輪廻とは，バラモン教の影響を大いに受けた当時の周辺地域で支配的であった考え方であり，天，人，修羅，畜生，餓鬼，地獄の「六道」（5つの「五道」や十の「十界」などもある）を巡る状態からの脱出を指している。ただし，釈迦そのものが輪廻からの解脱を目指していたかは諸説ある。釈迦自身は，四諦（または四聖諦（ししょうたい）などともいう）と八正道（八聖道）の悟りを開いたとされる。四諦とは「苦集滅道」の4つであり，

- 苦諦（くたい）　：迷いの存在は苦という真理
- 集諦（じったい）：苦の原因が欲望であるという真理
- 滅諦（めったい）：理想の境地は欲望のない苦滅の状態であるという真理
- 道諦（どうたい）：苦の滅を実現するのは正しい道であるという真理

とされる。なお，ここでの「苦諦」における苦は，現代でも用いられる「四苦八苦」で表現される。四苦とは，根本的な4つの苦，すなわち「生老病死」であり，次の4つの苦を加えて八苦という。

・愛別離苦（あいべつりく）：愛する対象と別れること
・怨憎会苦（おんぞうえく）：憎む対象に出会うこと
・求不得苦（ぐふとっく）　：求めても得られないこと
・五蘊盛苦（ごうんじょうく）：五蘊（身体・感覚・概念・決心・記憶）
　　　　　　　　　　　　　　　　に執着すること

　また，この道諦における「正しい道」は，「八正道（八聖道）」としてまとめられた。いずれにも偏らない「中道」の具体的な内容であるともされる。

・正見（しょうけん）　　　　：正しい理解
・正思（しょうし）・正思惟（しょうしゆい）：正しい考えと判断
・正語（しょうご）　　　　　：正しい言葉
・正業（しょうごう）　　　　：正しい行ない
・正命（しょうみょう）　　　：正しい生活
・正精進（しょうしょうじん）：正しい努力
・正念（しょうねん）　　　　：正しい心の落ち着き，マインドフルネス
・正定（しょうじょう）　　　：正しい精神統一・集中力

　こうした考え方を基盤として，釈迦の弟子や帰依者たちが広めていくプロセスにおいてさまざまな解釈がなされるようになり，多様な宗派が誕生している。そして，多くの教えが説かれていくことになるが，その基軸を担ったのは『経典』である。前出の『阿含経』以外にも次のような経典が出現している。

『般若経』　：執着から離れることを説く。最も初期の大乗仏教の経典群とされる。（紀元前後頃の成立？）
『法華経』　：宇宙の統一的原理（一乗妙法），久遠の人格的生命（久遠釈迦），現実の人間的活動（菩薩行道）を説いている。（紀元50

年〜100年頃？）

『無量寿経』：阿弥陀仏の本願について詳しく描く。阿弥陀仏への念仏と浄土往生を説く浄土三部教の中心的経典。阿弥陀信仰の根本である。（紀元100年頃？）

『華厳経』　：釈尊の成道直後の自内証の世界，つまり，悟りを開いた直後の心の内を説く。（4世紀頃？）

『大日経』　：密教の根本経典であり，行者が手に印契，口に真言，心に三昧という三蜜加持を実践することで，現実世界に悉地（しつじ・成就の境地）が現れることなどを説いている。（7世紀初期）

これらは，日本の仏教にも大きな影響を及ぼしている（竹村・高島（2013），pp. 15-17）。

　釈迦の死後，弟子や帰依者たちは，精舎を中心とした僧院で修行生活をするようになった。また，釈迦の遺骨・すなわち仏舎利を納めた仏塔（ストゥーパ）が仏教の象徴として在家信者の礼拝対象となり，仏教の祠堂となっていた。そして，やがては仏像も礼拝の対象になっていく。その後，僧院と祠堂とが一体化していき，寺院のルーツとなっていった。つまり，寺院には，

・僧侶たちの居住・修行の場である僧院
・釈迦のシンボルである仏塔や仏像を安置して祈るため場
・僧侶が在家信者に仏法を説く場

の三要素が備えられている必要がある（新谷（2016），pp.15-16）。

　ただし，インドでは土やレンガで造られた仏塔を中心に構成されていた寺院も，中国や朝鮮，そして日本では木造の多層建築，すなわち三重塔や五重塔が主流となり，礼拝の対象の変化により仏像を祀る本堂（金堂）が仏塔よりも重視されるようになった。そのため，本堂が伽藍の中心に位置するように変化していった。

　やがて奈良時代には，塔，金堂，講堂，食堂（じきどう），経蔵（きょうぞ

う），鐘楼，僧坊・僧房の 7 つを基本として伽藍が構成されるようになり，七堂伽藍形式と呼ばれるようになった。

（2）日本への導入と発展

わが国には飛鳥時代の頃に仏教が導入され，仏教を推す崇仏派の蘇我氏と保守（廃仏）派の物部氏との戦いなどを経て定着していったとされる。

大宝元年（701年）に完成した『大宝律令』には，僧や尼に関する「僧尼令」も含

写真 2-2　羽黒山の五重塔

まれていて，国家が僧尼を管理するようになった。平城京への遷都を経て，天平 7 年（735年）には，僧・玄昉が20年近い唐での修行から帰国し，同時に経論 5 千巻以上を持ち帰ってきたことが記録されている。

その後，聖武天皇は天平13年（741年）に国分寺・国分尼寺の造営を発願し，天平15年（743年）には大仏建立の発願をして，9 年後の天平勝宝 4 年（752年）には大仏開眼式典が執り行なわれた。

のちに唐招提寺を建立して律宗を確立させた鑑真は，もともとは唐の僧であったが，何度も渡航に失敗し，失明までしてしまい，「六度目の正直」で来日に成功したのは天平勝宝 5 年12月（754年 1 月）であった。同月中に大宰府の観世音寺の戒壇院で初の授戒を実施，天平勝宝 6 年 4 月（754年 5 月）には東大寺に恒久的な戒壇を築き，授戒がなされた。続いて天平宝字 5 年（761年）には，下野の薬師寺，筑紫の観世音寺にも戒壇が建立されている（竹村（2015a），p.36）。前後して，天平宝字 3 年（759年）には唐招提寺が設立されている。彼は，戒律の重要性を訴えて律宗を設立した。

この律宗を含む南都六宗（三論宗，成実宗，法相宗，倶舎宗，華厳宗，律宗）は，天平勝宝 3 年（751年）〜天平勝宝 4 年（752年）頃に確立されていたという。ただし，成実宗は三論宗に付属し，倶舎宗は法相宗に付属していたといわれる。このうち戒律を重視する律宗は，どの宗派でも戒律を学ぶ必要があっ

たために他宗にも開かれていた（竹村（2015a），pp.36-37）。

　平安時代に入ると，新しく二大宗派が誕生した。伝教大師最澄による天台宗と弘法大師空海による真言宗である。あわせて「平安二宗」とされる。

　天台宗は，『法華経』をもとにした中国天台宗の教義を学んだ最澄が開祖である。奈良の仏教界に批判的だったという説もある桓武天皇の庇護も受け，比叡山延暦寺を開山した。当時は，朝廷が出家した僧を各宗派に割り当てていたが，延暦25年（806年）に2名の割り当てがなされたのが事実上のスタートとなる。『法華経』にある信仰すなわち「円」，「禅」，「戒」律，「密」教の「四宗兼学」が特徴とされる。鎌倉新仏教の開祖が多く学んでおり，わが国仏教界の基盤にもなったといえよう。

　真言宗は，最澄とともに唐に赴いた空海が，帰国後の816年に高野山金剛峰寺を建立したのがはじまりである。密教を基盤とし，即身成仏，すなわち「人間は現世でありのままの姿で仏になれる」という考えが根底にある。『大日経』と『金剛頂経』が聖典であるとする。

　平安末期（11世紀頃），末法思想が広まった際に，一般大衆に広まったのが浄土信仰である。天台宗の円仁が伝えたものであり，「南無阿弥陀仏」と唱えるだけで往生できるという考え方である。これはやがて，法然が開いた浄土宗へとつながっていく。

　この時代以降は，公家から武士へと権力の実体が移行していく時期となり，宗教にも，それまでの難解なものから素朴な信仰が求められるようになっていった。そのような背景のもとで誕生した宗派を「鎌倉新仏教」という。

　法然は，比叡山で天台宗を，奈良で法相宗，三論宗などを学び，12世紀末に「南無阿弥陀仏」の念仏をとなえる修行に専心する「専修念仏」を軸として浄土宗を成立させた。『無量寿経』，『観無量寿経』，『阿弥陀経』の「浄土三部経」を基本経典としている。

　法然の弟子には親鸞がいる。親鸞は，師である法然の流罪に付き合った後，地方で布教を続けて浄土真宗を成立させた。人は誰でも往生することがすでに決まっているという「他力」の考え方を重視している。弟子の唯円がまとめた親鸞語録である『歎異抄』と親鸞が書いた『教行信証』が聖典である。浄土真

宗は一時衰退するが，親鸞の子孫である蓮如が室町時代に拡大させ一大勢力となった。あまりに勢力が強くなったため，のちに織田信長によって石山本願寺から退却させられたうえ，徳川家康により，東本願寺（現在の真宗大谷派）と西本願寺（同・浄土真宗本願寺派）とに分裂させられる。

時宗の開祖である一遍も，法然の孫弟子である聖達に学んだのがはじまりである。彼は13世紀後期に「決定往生／六十万人」と書いた念仏札を配りつつ，踊念仏という独特の手法により教えを広めていった。ただし，江戸時代までは宗派という感覚ではなかったため，その時代までの同宗を指して「時衆」と記載されることも多い。

比叡山で天台宗の僧になった栄西が，宋への留学で天台の教義を学び，2回目の留学で禅宗の教えを学んだ。これが中国臨済宗の教えであった。栄西は帰国後に座禅と戒律を重視する教えを説き，日本における臨済宗の開祖となった。

同様に，比叡山で天台宗の僧になった道元も，やはり宋へ留学したが，彼は中国曹洞宗の如浄から厳しい座禅修行である「純禅」を学んできた。そのため，座禅そのものが目的である曹洞宗を開くに至っている。

鎌倉新仏教で独特の位置づけなのが日蓮宗である。開祖の日蓮があらゆる宗派で学んだのち，『法華経』こそが真理であると考え，「南無妙法蓮華経」と唱えることで仏になれると説いた。他宗に批判的で，『立正安国論』や「四箇格言（念仏無間，禅天魔，真言亡国，律国賊）」の発表により日蓮は処刑寸前まで至っている。

その後のわが国における仏教は，それぞれの時代にごとに幕府との関係に左右されつつも，江戸時代におけるキリシタン禁教令にともなう「寺請制度」によって，檀家との関係が確立された。これが現代にも大きな影響を及ぼしている。

（3）現在の仏教

伝統仏教としては十三宗あるといわれる。内訳は奈良時代の南都六宗のうち，

　　・華厳宗　　・法相宗　　・律宗

平安二宗の，

・天台宗　・真言宗

鎌倉新仏教では浄土系の，

　・浄土宗　・浄土真宗　・時宗

禅宗系の，

　・臨済宗　・曹洞宗

そして，

　・日蓮宗

さらに，江戸時代初期にはじまった禅宗系の

　・黄檗宗

と，一時は衰えていたが元禄時代に再興した浄土系の

　・融通念仏宗

となっている。

　こうした各宗派では，それぞれのアプローチで信仰を保持しているが，多くの場合に礼拝の対象となっているのは，わが国では仏像である。なお，日蓮宗系の宗派では，曼荼羅が本尊になっていることも多い。それも，中央部に題目である「南無妙法蓮華経」が大書され，その周囲に釈迦如来や多宝如来など諸仏や諸菩薩，諸天善神の名称が記入された独特のものとなっている。

　以下，代表的な仏像について簡単に説明する。

　　・如来像：如来は既に悟りを開いた存在のため，質素な姿で，袈裟だけをまとっている。螺髪など，人間以上であることを示す32の特徴（三十二相）がある。釈迦如来，阿弥陀如来（鎌倉の大仏など），毘盧舎那如来（奈良の大仏など），大日如来（密教主で，例外的に飾りがある）が代表的である。

　　・菩薩像：菩薩は修行中だがまもなく悟りに至る存在であり，さまざまな装身具を身に着けている。弥勒菩薩，観音菩薩（千手観音，十一面観音など，手や顔の数が多いものもある），文殊菩薩，地蔵菩薩などがあり，如来の補佐役として救済をする存在でもある。

　　・天部像：インドの民間信仰のさまざまな神が仏教に入ってきたもので，

仏や菩薩を守るのが役割である。如来や菩薩と異なり，蓮の花の台座（蓮華座）ではなく，蓮の葉の台座（荷葉座）か岩の上（岩座）に座っている。梵天，帝釈天，吉祥天，弁財天，鬼子母神などが代表的である。

・明王像：明王とは，大日如来が遣わせた，密教独特の仏である。仏教を信じない人を脅して教化する役割のため，憤怒の恐ろしい形相をしている。不動明王，降三世明王，軍荼利明王，大威徳明王，金剛夜叉明王の五大明王や愛染明王などが代表的である。

その由来に応じて，例えば同じ如来でも，阿弥陀如来は来世での極楽浄土を説き，薬師如来は現世での苦しみを癒すなど，役割が異なっている。また，時代によっても変化が生じ，平安時代以降の薬師如来は，左手に薬壷を持っている。

また，仏像の配置にも決まりがある。釈迦如来を中心とした釈迦三尊では，左に文殊菩薩，右に普賢菩薩を，阿弥陀如来を中心とした阿弥陀三尊では左に観音菩薩，右に勢至菩薩を，そして薬師如来を中心とした薬師三尊では左に日光菩薩，右に月光菩薩を配置するのが基本となる。中央の中尊と呼ばれる仏像が坐像，左右の脇侍と呼ばれる仏像が立像であることが多いが，例外もある。

一方，江戸時代末以降，特に明治時代以降に誕生した新しい宗派を「新興宗教」，「新宗教」などと呼ぶことがある。必ずしもすべてが仏教的な考え方を基盤としているわけではないが，仏教的なアプローチをしている宗派も多い。

霊友会，立正佼成会，創価学会，真如苑，幸福の科学，かつてのオウム真理教とその後のアレフ，ひかりの輪などが該当する。一部は，学校を設立したり，政界への進出を図ったりもしている。

（4）仏教における祝祭 （第4・5章，第7・8章も参照）

伝播のプロセスでさまざまな変化を経たため，仏教の祝祭は土地ごとに多様なものがみられる。以下は日本独特の仏教行事である。

仏陀の誕生日を祝う「花祭り（灌仏会・仏生会）」が4月8日に執り行なわ

れる。東大寺や浅草寺のものが有名である。

「お彼岸」とは，春分の日と秋分の日にお墓参りをする仏事である。「彼岸」とは，現世である「此岸」に対する悟りの世界のことであり，そこに至ることを願う日である。

「お盆（盂蘭盆会：うらぼんえ）」は，先祖の霊を迎えて供養する日である。7月15日または8月15日に行なわれる。地域によってやり方は異なるが，13日朝に仏壇を占め，そのまえに盆棚（精霊棚）を作り，棚の上に位牌，水鉢，花や果物などを供え，13日夕方に提灯を点けて霊を迎える。キュウリやナスを馬や牛の形にして供えることがあるが，これらは霊があの世に帰るための乗物を象っている。そして，14日・15日には僧が来て読経をしてもらう。亡くなった最初のお盆である新盆（初盆）には，親戚や知人にも参列してもらい，精進料理でもてなす。お盆の締めとして，16日に盆棚の供物を川や海に流して霊を浄土に送る。

大晦日に撞かれる「除夜の鐘」が108回である理由については諸説ある。人間の欲や怒りなどの煩悩が108であるとか，12カ月，24節気，72侯を合わせた数であるとか，四苦八苦を $4 \times 9 + 8 \times 9$ にすると108であるとか，さまざまな解説がなされている。また，都市部などでは実際には近隣の人たちに撞かせてあげることも多く，必ずしも108回だけというわけでもない。

（5）仏教が及ぼした影響

飛鳥時代にわが国に導入されてから，仏教は日常生活のさまざまな場面にまでその影響を及ぼしてきている。

例えば，建築では寺院建築や庭園の作庭，工芸では仏像の塑像や花瓶，香炉，食器など，文学では説話や物語など，服飾では衣や袈裟など，絵画では仏画や曼荼羅，障壁画など，書道では写経やさまざまな書など，音楽では声明や盆踊りなど，そして食事では精進料理などである（竹村・高島（2013），p.12）。いずれも，われわれが普段からなにげなく接しているものや，その基盤になったものが多い。

また，悟りに向かう修行が仏教の基軸をなすが，修行は悟りの手段ではなく，

修行の一瞬一瞬こそが悟る瞬間でもあるという考え方は，わが国において「道」という思想の醸成につながっていった（竹村・高島（2013），pp.137-138）。茶道や華道が代表格であるが，柔道や剣道にも同様の影響がみてとれる。さらには「道」とは記述されないが，特に高校野球などを見ていると，ベースボールと野球の相違にも類似点が感じられよう。

　そして，江戸時代の寺請制度を通じて，強固な関係が寺と檀家との間に築かれたことにより，現在でも冠婚葬祭のうち葬祭の面においては仏教が圧倒的なシェアを持っている。この点については第7章と第8章で詳述する。

6.　神道

（1）神道の概要

　わが国固有の宗教である神道は，皇室や時の政権との関係により，大きな影響を受けてきている。

　もともとの神道の原型は，各地の民俗信仰や自然信仰，あるいは豪族が信奉してきた超越的な存在がもとになったと考えられている。葉室（2013）には，「山は生活に欠くことのできない水を生み出す生命の原点の場所…（中略）…日本人は山に神を祀り拝んできた」（p.18）との記述があり，日本人にとっての神道は，自然信仰とのかかわりが強いことがうかがえる。

　「大化の改新」の後，神道の皇室儀式の制度化は進められ，いくつかの定めのうち部分的に現在に伝えられているのが701年の「大宝律令」における「神祇令」などである。「神祇令」においては，大嘗祭・新嘗祭の他，大祓の儀等が定められていたと推測される。

　しかし，奈良時代から平安時代にかけて，仏教の導入と定着が進む中で，神社の周辺に寺院が建立されるようになっていった。これが神宮寺や別当寺と呼ばれるもので，仏教信仰と混淆して信仰されるようになり，江戸時代まで続くことになる。

　大きな変化が生じたのは明治維新のあとである。明治政府は当初，明治天皇を神武天皇との関係において神格化して，新しい日本を統治することを目指し

ていた。そのため，神道を仏教の影響から切り離し，いにしえの姿にすべく，神仏分離のための政策が布告されるようになっていった。

　それにともない多くの神社では祭神の変更がなされ，新たな社格制度に再編された。例えば，京都の祇園感神院は，八坂神社へと名称が変更されるとともに，祭神も牛頭天王から同体とされる素戔嗚尊となった（新谷・古川（2015），p.152）。

　再編された新たな社格制度によって，全国の神社は以下のように分けられるようになった。

- 官幣大社，官幣中社，官幣小社
  （神祇官が祀り，例祭では皇室から幣帛料が支出される）
- 別格官幣社
  （明治以降に創建され，皇室や国家に尽くした人の霊を祀る）
- 国幣大社，国幣中社，国幣小社
  （地方官が祀り，例祭では国庫から幣帛料が支出される）
- 府社
- 県社
- 郷社
- 村社
- 無格社
  （小社・もっとも数が多く，やがて整理・統合されることになる）

　また，明治時代には人を神として祀る神社が増加した。これは以下に分類できる（新谷・古川（2015），pp.164-166）。

① 天皇・皇族を祀る神社（白峰神宮，橿原神宮，明治神宮，鎌倉宮など）。
② 南北朝時代の南朝方の忠臣など，国家・天皇に尽くしたと考えられた歴史上の人物を祀る神社（建勲神社，湊川神社など）。
③ 幕末・明治維新以来の動乱・戦役による死者や軍功をたてた軍人を祀る神社（松陰神社，統合神社，靖国神社，護国神社など）。

　そして，天皇を祀る神社には「神宮」，皇族を祀る神社には「宮」が使われ

ることが多くなった。

「大社」はかつて，出雲大社のみにつけられていたが，「大きな神社」という
意味に転じて，現在では他にも富士山本宮浅間大社，諏訪大社，春日大社，熊
野本宮・速玉・那智大社など，多くの例がある。これらはいずれも官幣大社か
国幣大社であり，その関連で大社と名乗るようになった側面もある。

「八幡」宮は，武運の神とされる八幡神を祀っている。八幡神は一般に応神
天皇と同一視されている。

「明神」や「権現」は，神仏習合時代の名残であり，神が人の姿を借りて出
現したとされる存在を祀る場合にしばしば用いられる。明神は吉田神道とのか
かわりで設立された神社の号に用いられることが多かった。

「天神」はいくつかの信仰が並存するが，有名なのは菅原道真を祭った天満
宮に対する天神信仰である。太宰府天満宮や北野天満宮から勧請された天神が
各地に存在する。

「稲荷」は，わが国で独特の把握がなされている稲作に対しての信仰と，土
着的な信仰とが結びついたものである。

そして，これらを総称して「神社」という。

以上の流れを経て，現在の神社は，土着の「氏神型」，他の神社から神を分
霊した「勧請型」，特定の人を神として祀る「人神型」の3つに大別できる
（新谷・古川（2015），p.30）。この状態が現在まで続いている神道の基本的構図で
ある。

（2）現在の神社

一説によれば，日本全国にある神社は8万社とも10万社ともいわれる。その
ため，神社の構造も多種類にわたっている。

神社は単体で存在することが多いが，場合によっては，上社と下社の二社，
あるいは中社をいれた三社で構成される。

そして，神社といえば思い出すのは鳥居であろう。鳥居は俗界と神域を隔て
るためのものである。そのため，鳥居の区域から先が神社ということになる。
全国の神社の鳥居は，形態や材質が異なっており，60種類以上あるという。大

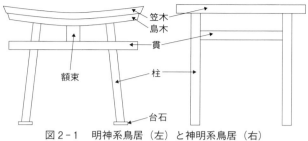

図 2-1　明神系鳥居（左）と神明系鳥居（右）
出典：著者作成

別すると「明神系鳥居」と「神明系鳥居」に分けられる。神明系は，一番上にある横の笠木が直線で，神社名を記した扁額を掲げる額束がないのが特徴である。明神系では，笠木の両端が上向きに反っている（茂木（2014），pp.122-123）。

社殿までは参道が通じているが，参道周辺に鎮守の森と呼ばれる森林が多く配置される。途中には身を清めるための手水舎，場合によっては神池や神橋がある。

社殿は，本殿や拝殿から成っている。われわれが参拝するのは拝殿であり，ご神体が位置している本殿は拝殿の奥にある。建築もさまざまなものがあるが，「神明造（しんめいづくり）」と「大社造（たいしゃづくり）」に大別できる。神明造は「平入り」，すなわち屋根の「分水嶺」に当たる「棟」と並行する側が正面であり，流造や八幡造がこの一例となる。大社造は「妻入り」，すなわち「棟」と直角の側が正面となり，住吉造や春日造が該当する。

他にも，燈籠，狛犬，神楽殿，舞殿，社務所などが配置されている。

なお，新興宗教の中には，神道系とされるものも存在する。黒住教や金光教は，教祖を祀るものであるが，他にも世界救世教，世界真光文明教団，生長の家などであり，かつては天理教もここに数えられていた。

（3）神道の祝祭

自然とのかかわりが強かったことを反映してか，神道には季節を意識した祝祭が多い。

2月の節分や祈年祭，3月の雛まつり，そして同月の彼岸ももともとは神道

第2章　宗教とセレモニー　51

写真2-3　伊勢神宮の正宮前の鳥居

写真2-4　霧島神宮の三の鳥居

写真2-5　霧島神宮の本殿

であった。5月の端午の節句，6月の夏越の祓（名越の祓），7月の七夕，10月の神嘗祭，11月の七五三や新嘗祭，12月の煤払いなどが代表的なまつりである。詳しくは第4章で詳述するが，多くは豊作祈願，御霊の調伏（御霊会という），そして願いが実現したことに対する感謝のために執り行なわれる。

　まつりの際には神輿や山車を繰り出して，神様に祈ったり霊を静めたりする。特殊な鎮め方もある。祇園精舎の守護神とされた牛頭天皇は，諸説あるが疫をばらまく神と信じられ御霊信仰の対象となったが，平安末期以降，花笠や山鉾が練り歩いて鎮めるという手法が取られるようになった。前項で八坂神社の例で述べたように，明治以降は素戔嗚尊と同定されている。そのため，牛頭天皇や素戔嗚尊，そして祇園というキーワードの神社には，花笠や山鉾がつきものとなる。

7.　宗教とセレモニー

　以上，いくつかの宗教を概観した。こうして眺めてみると，宗教は，時の権力者にも翻弄されてきたことが分かる。ある支配者は宗教を利用して民衆を掌握し，またある支配者は宗教を弾圧することで民衆をまとめてきた。

　興味深いのは，弾圧を受けた際にあっけなく瓦解してしまうものもあれば，かえって結束が固まった場合もあったということである。これは，民族性・民俗性や外部環境の状況など，さまざまな要因が影響を及ぼしていると考えられる。

　また，一部の宗教では食材のタブーが目に付くが，多くは過去，衛生状態が良くなかった時代，あるいは争乱が絶えなかった時代の名残であるとも考えられる。悪くなりやすい食材や，中途半端な屠殺法で処理された食材を忌避するために，その食材そのものをタブーにしたと思われるものが多い。それが，衛生状態が大いに改善されたはずの現代にも影響を及ぼしているのは興味深い。

　他方，酒のタブーの多くは，興奮状態に入ることによって，人が争うことを戒める意味が強いようである。確かに酒類は，興奮状態を導くことにより今でも争いの原因となることがある。しかし，そうはいっても極寒の地では，酒を禁じる宗教が広まるとは考えにくい。酒のタブーを持つかどうかは，それを禁

じているのが暖かい地域が主であることも留意すべきだろう。そして、キリスト教のようにワインが特別な意味を持つこともあり、さらにそうした特定の宗教における特別な意味に対して、忌避の考えを持つ宗教もあるようである。

　食材や酒に対するタブーは、当然のことながらセレモニーやイベントの開催に大きな影響を及ぼす。それは、共食の場において使用できないからである。近年ではこの点にいかに対応するか、わが国の関連産業においては模索の動きが進んでいる。

　そして、宗教には教団がつきものであるが、その教団という集団の団結力や求心力を高める手段としてもセレモニーが有効であると考えられる。前に述べたような弾圧に対しては、儀礼や儀式を通じた共通体験によって、一層の結束につながったと考えられるケースも多く存在する。つまり、儀礼や儀式を遂行するために宗教が存在する一方で、その宗教の存在のために儀礼や儀式が挙行されるという相互的な関係が垣間見られるわけである。

　なお、最近はこの分野にも新しい動きがある。例えば、納骨堂型の墓地において、レーザー光線やLEDを用いた演出が施されていたり、物流の世界で開発された搬送技術が多用されたりするようになっているのが一例である。あるいは、「ご朱印ガール」といって、さまざまな神社をめぐり、各神社でご朱印帳に記帳してもらい、コレクションをする女性たちが増えているのである。驚くべきは、そのご朱印の中にはAR（Augumented Reality）の技術が用いられ、「神様」が浮かび上がるようなシステムを組み込んでいるものまであるという。こうした事実からは、宗教の世界にも新しい技術の波はさまざまな形で影響を及ぼしていることがうかがえる。

（徳江順一郎）

■注

（1）反芻とは、食物を口で咀嚼したあと、反芻胃にいったん送って部分的に消化をし、再度、口に戻して咀嚼するというプロセスを繰り返すことで消化することをいう。

（2）本節においては、日本国内の事象について元号を基準として論じるため、元号と西暦の表記を他の章・節とは入れ替えて記述する。

参考文献

荒井章三（2013），『ユダヤ教の誕生——「一神教」成立の謎』講談社．

井上隆志・渡邉秀樹編（2015），『世界三大宗教の教科書』洋泉社．

井上順孝監修（1999），『神社と神々——知れば知るほど』実業之日本社．

小原克博（2018），『一神教とは何か——キリスト教，ユダヤ教，イスラームを知るために』平凡社．

佐藤優（2015），『神学の思考——キリスト教とは何か』平凡社．

沢辺有司（2014），『図解　いちばんやさしい三大宗教の本』彩図社．

島田裕巳・保坂俊司（2015），『世界三大宗教の教科書』洋泉社．

新谷尚紀（2007），『日本人の春夏秋冬——季節の行事と祝いごと』小学館．

新谷尚紀（2016），『古寺に秘められた日本史の謎』洋泉社．

新谷尚紀（2018），『神道入門——民俗伝承学から日本文化を読む』筑摩書房．

新谷尚紀監修・古川順弘（2015），『神社に秘められた日本史の謎』洋泉社．

竹村牧男（2015a），『日本仏教　思想のあゆみ』講談社．

竹村牧男（2015b），『NHK こころの時代　〜宗教・人生〜　日本仏教のあゆみ　信と行』NHK 出版．

竹村牧男（2016），『心とはなにか——仏教の探求に学ぶ』春秋社．

竹村牧男・高島元洋編著（2013），『仏教と儒教——日本人の心を形成してきたもの』放送大学教育振興会．

徳江順一郎（2016），『ホスピタリティ・デザイン論』創成社．

葉室頼昭（2013），『新装版　神道と日本人』春秋社．

葉室頼昭（2016），『神社のおまつり』富山房インターナショナル．

茂木貞純（2014），『日本人なら知っておきたい！［図解］神道としきたり事典』PHP 研究所．

森和也（2018），『神道・儒教・仏教——江戸思想史のなかの三教』筑摩書房．

第3章 世界のセレモニーとイベント

1. 世界のセレモニー

（1）世界のセレモニーとイベントの概要

　日々，世界中でさまざまなセレモニーやイベントが開催されている。多くは宗教的なセレモニーと，それが転じてイベントとなったものである。もちろん，イベントにはまた別の目的があるものも存在する。そして，大きなセレモニーとしては，政治的なものが挙げられる。

　第3章では，こうした世界のセレモニーとイベントについて論じていくが，本節では，世界のセレモニーを宗教に関係する，あるいは宗教的な由来をもつものと，政治的なものとに分けて概観する。イベントについては節を改めて検討していく。

（2）宗教に関係するセレモニー・イベント

①クリスマス

　クリスマス一般に「イエス・キリストの誕生日」と思われているが，イエスの誕生日については諸説ある。ただ，4世紀前半，ローマ皇帝で最初のカトリック教徒となったコンスタンティヌス1世の時代に，12月25日に降誕祭が行なわれるようになったと考えられている。事実，西暦336年12月25日には，ローマでキリストの降誕祭が行なわれたことが確認されている（若林（2010），pp.16-17.）。

　この背景としては，ローマ人やゲルマン人の多くは，ペルシア起源の太陽神

ミトラスを崇拝していたが，ミトラスは12月25日が誕生日とされていたことが影響しているともいわれる。

クリスマス前に行なわれるアドベント（待降節）では，常緑樹の枝を丸くして装飾を施した「アドベントリース」に，4本のロウソクを立てることからはじまる。これをアドベントの最初の日曜に用意し，一週ごとに1本ずつロウソクに火を点し，クリスマス前の最後の日曜に4本になるまで毎週繰り返していく。

クリスマスを象徴する存在としてクリスマスツリーが挙げられよう。クリスマスツリーはもともと，キリスト教以前の異教時代に，冬至に魔よけとして常緑樹を家の内外に飾った習慣にその起源を持つ。一方，モミの木を用いた現在のようなツリーは，シュヴァルツヴァルト地方やアルザス地方の南西ドイツで誕生したとされる。また，飾り付けをしたツリーが最初に記録に登場するのは，1419年にフライブルクで，パン職人の信心会が聖霊救貧院にリンゴ，洋梨，オブラート，レープクーヘン（蜂蜜やスパイスなどを使ったケーキの一種），色を塗ったナッツ，金紙などの紙飾りを付けたツリーを飾ったのが最初である。

1820〜30年頃，クリスマスツリーはドイツ語圏に定着し，1830〜40年頃にはフランスやイギリスにも広まった。19世紀後半には米国にも広まっていき，1891年にはホワイトハウス前にツリーが立てられている。そして，これが米国に広まったのは，アメリカ独立戦争がポイントになっているという。それは，その際に英国に雇われた傭兵，宣教師や船乗りがツリーを広めたからである。日本では，1860年にプロイセンの公使オイレンブルクが，杉，竹，椿の木などを使って初めてツリーを飾ったのが最初とされる。

さて，もう一つのクリスマスを象徴する存在であるサンタクロースはどうであろうか。関連する人物として，聖ニコラウスが挙げられる。ニコラウスは3世紀後半に生まれ，小アジアのミラ（現在のトルコ西部）の司教となり，その後聖人に列せられて12月6日がその祝日となった。子供や女性，船乗りの守護聖人として崇められ，中部ヨーロッパ地域に多くの聖ニコラウス教会が立てられた。

伝説では，3人の娘を結婚させるお金のない（身売りさせなければならない，

第3章　世界のセレモニーとイベント　57

という説もある）父親の嘆きをたまたま聞いたニコラウスが，気の毒に思って，夜になってからその家に金塊（財布説もある）を3つ投げ込んだところ，それが娘たちの靴下に入ったという。プレゼントを靴下に入れるのはこの伝説による。

　時代は下り，スコットランド系商人の息子としてニューヨークに生まれた作家のワシントン・アーヴィングが，1809年に歴史書『ニッカボッカー氏のニューヨーク史』を発表した。そこに，空飛ぶ馬車でやってくる聖ニコラウスを描写したが，これが世界初の画像としてのサンタクロースとされている。

　その後，19世紀前半にさまざまな絵本や新聞，雑誌において，トナカイの牽くソリに乗っている赤い服を着たサンタクロース，というイメージが形成され，定着していった。

　こんにちのわが国では，多くの人にとってクリスマスは宗教色のきわめて薄い「年中行事」となっていよう。その理由としては，一つには，プレゼントというものの存在が大きいと考えられる。プレゼントが介在することで，子供のためのイベント，あるいはカップルのためのイベントとして，親和性が高かったのではないだろうか。

　クラウス（1999）は，クリスマスが完全に日本に定着したことを「土着化」と表現し，その証拠として，サンタクロースを「サンタ」あるいは「サンタさん」と短縮形で呼んでいることを挙げている（pp.206-207）。

　なお，教会暦の一日は，日没からはじまり日没で終わる。そのため，25日の夜ではなく24日，すなわちクリスマス・イブの夜のイベントになった。

②復活祭（イースター）

　イエスの復活を祝う日であり，春分の日のあとの，最初の満月の次の日曜日に開催される。ただし，東方教会と西方教会とは，春分の日の扱いが異なること，正教会では復活祭をユダヤ教の「過越祭」とともに祝わないという規定を守っていることなどから，復活祭の日程が異なることが多い。

　イースターといえばタマゴがつきものであるが，これは，この期間中に肉食が禁じられていた時代の名残という側面もある一方，死と復活の象徴であると

いう説など，さまざまな由来が論じられている。現在ではアレルギーの懸念などもあることから，菓子で作られているものが用いられることも多い。

③バレンタインデー

　もともとは，ローマ帝国皇帝クラウディウス 2 世による兵士たちの婚姻禁止に反対して，ひそかに結婚式を執り行なっていたため迫害され，西暦269年に殉教した聖ヴァレンティヌスに由来する記念日であるとされているが，諸説ある。

　2 月14日は，元来ギリシャ神話における女性と結婚の女神ヘラの祝祭日で，ローマ人も，ヘラに比定されるユーノーの祝祭日として祭っていた。その習慣がキリスト教に取り入れられ，その日に殉教した「とされる」ヴァレンティヌス＝バレンタインの日となった。

　なお，ヘラ＝ユーノーは，現在では 6 月の女神として扱われている。そのため，いわゆる「ジューン・ブライド」すなわち 6 月の花嫁は，このユーノーの加護にあやかっているものである。

　現在のバレンタインデーは，諸外国では恋人たちがカードや花を贈りあう日となっている。しかし，わが国では独自の展開になっているのは周知のとおりである。この背景としては，神戸のモロゾフ製菓が1936（昭和11）年に外国人向け英字新聞に，好きな人にチョコレートを贈ることを提案する広告を掲出しているほか，東京のメリーチョコレートが1958（昭和33）年に日本初のバレンタインデー・イベントを開催するなどしたことが挙げられている。他にも1950年代から1960年代にかけて，製菓業界や百貨店を中心とした小売業界などが，イベントを開催したり広告を打ったりしたことが，1970年代から1980年代にかけて「日本式バレンタインデー」が定着したことに一役買っている。結果としてわが国では，女性が意中の男性にチョコレートを贈る，という独特の形態になった。

　なお，この影響はバレンタインデーのみにとどまらず，1980年代からはチョコレートのお返しとしてマシュマロを贈るといった習慣が定着しはじめる。他にもキャンディなども「参入」し，「バレンタインデー」に対する「ホワイト

第3章　世界のセレモニーとイベント　59

デー」として広まった。

④謝肉祭（カーニバル）

　語源をたどると，ラテン語の carnem（肉）＋ levare（取り除く）に由来し，肉への別れ，すなわち，断食前夜のまつりであった。ただし，別の説として，ゲルマン人による，春の到来を喜ぶまつりであったことに由来するという意見もある。

　復活祭の46日前にあたる「灰の水曜日」の前日まで一週間程度開催されることが多く，東方教会では灰の水曜日に特になにも行なわないため，謝肉祭も主として西方教会系でみられる。

　しかし，最近は宗教的な祭礼というよりも，単なる年中行事となっている地域が圧倒的に多い。さらには，観光行事に変質しているものも増えているのが現状である。ロンドンのノッティング・ヒル・カーニバルや浅草サンバカーニバルなどは，この典型例であるといえる。

　カーニバルには本来，さまざまなスタイルが存在する。中でももっとも有名なのは，ブラジルのリオ・デ・ジャネイロで開催されるリオのカーニバルであろう。ここでのダンスのベースになっているのは，奴隷たちがアフリカからもたらしたサンバのリズムである。打楽器と「アピート」というホイッスルとの調和が生み出す独特のリズムは非常にインパクトが強いため，浅草サンバカーニバルなどに大きな影響を及ぼしている。

　その浅草サンバカーニバルは，1981年に第1回が開催された。かつては東京一の繁華街であった浅草の地盤沈下に危機感を覚えた地元関係者が中心となり，実施にこぎつけたという。そのような背景もあるため，なんら宗教的行事としての性格は持たない。

⑤ハロウィン

　ケルト民族における冬の到来を祝うまつりが起源である。ケルト人の1年は10月31日で終わるが，これは夏の終わりでありかつ冬のはじまりでもあり，死者の霊が訪れると信じられていた。その際に魔除けの焚き火を炊いていたこと

が，カボチャをくりぬいてロウソクを点すランタンになる。そのような寓話を
もとにして，魔女やお化けに仮装した子供たちが訪ねて，「Trick or treat（お
菓子をくれないと悪さをするぞ）」などと言ってお菓子をもらうという行事に
変質していった。

　わが国では，1990年代後半頃からテーマパークや飲食店などがこの「仮装」
の部分に着目してイベント化したことにより，2010年代に爆発的に流行するよ
うになった。

（3）国家元首の就任

　次に，各国の国家元首の就任に際しての儀礼・儀式について検討する。宗教
的行事としてのセレモニーに入れるのが適切かは微妙な面もあるが，諸外国の
事例をみると，宗教的儀式が取り入れられているケースが多い。

　君主制国家において，王が即位する場合には通常，王冠や帝冠を聖職者など
から受けて，王位や帝位に就任したことを宣名する儀式が執り行なわれる。

　英国では，1952年にエリザベス2世が国王に即位した。英国の国王であると
ともに，2018年現在は，他にもカナダ，オーストラリア，ニュージーランドを
はじめ，十数カ国の元首も兼ねている。即位後，1953年には戴冠式がロンドン
のウェストミンスター寺院で行なわれた。

　英国の戴冠式は，カンタベリー大主教が祈祷し，国王就任予定者は宣誓をし
てから「運命の石（スクーンの石）」がはめ込まれた椅子である「エドワード
の椅子」に座る。そして，大主教により国王に聖油が塗られる「聖別式」がな
されたのちに，王冠を被り国王となる。

　この運命の石（スクーンの石）とは，1296年にエドワード1世がスコットラ
ンドから持ち去ったものである。これがはめこまれている椅子に座って戴冠式
を行なうということは，スコットランド征服の象徴でもあった。この石は1996
年に，700年ぶりにスコットランドに返還された。

　こうした行為が戴冠式に取り入れられているということは，王の威光を広く
知らしめるという意味合いが戴冠式に持たされているということでもある。多
様な考え方を持つ国民を統治するためには，神の威光も借りつつ，新しい関係

第3章　世界のセレモニーとイベント　*61*

を象徴的に示す行為が必要とされる例といえよう。

　また，王冠は，1661年にチャールズ2世の戴冠式のために製作された。2kg以上もの重さがあるために，普段の儀式では用いられず，大英帝国王冠が通常は用いられる。

　2017年，マレーシアでは前年末に即位した新国王であるムハンマド5世の戴冠式が執り行なわれた。マレーシアの元首である国王は，全13州のうち，君主であるスルタンが存在する9州のスルタンによって構成される統治者会議で選出され，任期は5年となる。

　戴冠式では，儀式用の短剣やイスラム教の聖典であるクルアーンに口づけをし，新国王就任の宣誓がなされた。即位後には21発の祝砲が放たれている。ただし，一部では戴冠式という表現を用いず，「正式な即位式」といった表記が用いられているケースもある。クルアーンの存在など，全体的にはイスラム色の強い式である。なお，マレーシアの行政実務は，下院から選出されて国王が任命する首相が担当するが，首相の就任式もイスラム教の伝統が重んじられたものとなっている。

　米国では，合衆国憲法において，職務執行前に宣誓をする義務があると定められている。大統領の職務は，選挙翌年の1月20日正午からと定められているので，その時間に合わせて連邦議会議事堂前で就任宣誓を執り行なうことになる。

　この宣誓は最高裁判所長官の読み上げに続き，大統領が右手を挙げて復唱することになっており，その文章は以下のとおりである。

I（＊＊＊＊）do solemnly swear that I will faithfully execute the Office of President of the United States, and will to the best of my Ability, preserve, protect and defend the Constitution of the United States. So help me god.

（冒頭の＊＊＊＊には大統領の名前が入る。）

英国国王，マレーシア国王・首相，米国大統領のどの就任においても，程度の差こそあれ，宗教的表現や宗教的行為が垣間見られる。特に米国は民主主義を強く意識している国家であり，政教分離も徹底していると考えられるが，一方でこうした宗教的観念も取り入れているのは興味深い。

2. 世界のイベント

（1）オリンピック

2020年に東京オリンピック・パラリンピックが開催される。1964年から半世紀を経て，再びの開催となった。日本では他に冬季オリンピックが1972年に札幌で，1998年に長野で開催されているが，夏季は東京のみである。

オリンピックやパラリンピック（以下，あわせて「オリンピック」という）の開催自体，国を挙げたイベントとなるため，きわめて非日常性が高い状況になるといえよう。そのため，その開催に際しても通常は開会式と閉会式が執り行なわれる。これまでの例でいえば，主催国の威信をかけて，さまざまな趣向が凝らされるのが一般である。そして，開催期間中はさまざまな競技が開催されるが，その間ずっといわゆる「おまつり騒ぎ」状態が続くことになる。

そもそも，オリンピックは，現代開催されている「近代オリンピック（近代五輪）」と，もともとギリシャのオリンピアで，紀元前776年から紀元393年まで開催されていた「古代オリンピック（古代五輪）」に大別される。結城(2004)は，古代五輪の特徴を以下のようにまとめている（pp. 5 -32）。

- ・最高神ゼウスにささげるのが第一目的であり，そのため，ゼウス信仰の中心地であるオリンピアで開催され続けた。
- ・ギリシャの都市国家（ポリス）と植民市の男子市民のみ参加できた。また，競技者のみならず，コーチなども裸体であった。
- ・戦争をしていたとしても，五輪期間中は停戦した。

また，男子のみ参加可能だった理由については，「競技者がすべて全裸だったからという，モラル問題ではないようだ」（結城（2004），pp.11-12）としたう

えで，以下のような先行研究に触れている（pp.12-13）。

・古代ギリシャの社会的差別が反映している。
・大半の競技が戦闘技術を基盤としていた。
・競技はゼウスにささげられるものであったが，ゼウスの妻の女神ヘラは嫉妬深かったから。

いずれにせよ，信仰が根底にあり，それに対して競技を「ささげる」という基本理念があることがうかがえる。近代五輪についてはしばしば，商業主義といった批判が向けられるが，これもある意味，現代の「信仰」であるとすれば，オリンピックの基盤は信仰であるということになる。

一方，近代オリンピックは，フランス人のピエール・ド・クーベルタン（Pierre de Coubertin）男爵の尽力により開催されるに至ったというのが通説であるが，結城（2004）によれば，実は英国人のウィリアム・ブルック博士こそが元祖であるという（pp.35-38）。博士は，オリンピアで古代五輪の遺跡が発掘されたことに触発され，誰でも参加できる競技会を1850年に開催した。これはその後，毎年開催されるようになり，1890年にクーベルタン男爵が視察に訪れたことが，その後の本格的な近代五輪の継続的開催につながった。

クーベルタン男爵の功績はむしろ，国際オリンピック委員会（以下，「IOC」という）を発足させたことにある。IOC 発足に向けて，ソルボンヌ大学で2度の会合が持たれたが，1回目に当たる1892年11月の彼の演説はあまりいい反応ではなかった。しかし，1894年6月に開催された2回目の会合には，12カ国49のスポーツ団体から79名の代表が参加し，それ以外も含め，総勢2,000名もの参加者があった。そこでは，贅を尽くした宴会をはじめ，花火などの余興も取り入れられた盛大なもので，これこそが IOC の発足と近代五輪の復興につながった（結城（2004），pp.43-45，中島訳（2018），pp.45-46）。そして，多くのマスコミ関係者によって，この会議について幅広く報道されるに至っている。

この1894年の会議こそが IOC 発足への大きな原動力となった。このことはまさに，いかに「セレモニー」が人心掌握に重要な役割を果たしているか，明確に示していると思われる。

IOC をはじめとした，オリンピックの諸要素について規定しているのはオリンピック憲章（Olympic Charter）である。そこには，前文に続き「オリンピズムの根本原則」を定めている（いずれも，『オリンピック憲章』（2017年版：2017年9月15日から有効），日本オリンピック委員会，より抜粋）。

1．オリンピズムは肉体と意志と精神のすべての資質を高め，バランスよく結合させる生き方の哲学である。オリンピズムはスポーツを文化，教育と融合させ，生き方の創造を探求するものである。その生き方は努力する喜び，良い模範であることの教育的価値，社会的な責任，さらに普遍的で根本的な倫理規範の尊重を基盤とする。

2．オリンピズムの目的は，人間の尊厳の保持に重きを置く平和な社会の推進を目指すために，人類の調和のとれた発展にスポーツを役立てることである。

3．オリンピック・ムーブメントは，オリンピズムの価値に鼓舞された個人と団体による，協調の取れた組織的，普遍的，恒久的活動である。その活動を推し進めるのは最高機関の IOC である。活動は5大陸にまたがり，偉大なスポーツの祭典，オリンピック競技大会に世界中の選手を集めるとき，頂点に達する。そのシンボルは5つの結び合う輪である。

（以下，省略）

この「オリンピズム」という言葉は，クーベルタンによる造語である。努力により鍛えられた肉体を礼賛し，運動と芸術とが調和された状態を指している（中島訳（2018），pp.31-35）。

また，この「オリンピックの根本原則 3」に，「オリンピック競技大会」がオリンピック・ムーブメントの「頂点に達する」と述べられているが，これは第1章の6で詳述されている。ここでは，このオリンピック競技大会が，「オリンピアード競技大会」と「オリンピック冬季競技大会」からなるとされる。そして，これには「付属細則」があり，

第3章　世界のセレモニーとイベント　　65

表3-1　近代オリンピック・開催都市一覧

開催年	夏季オリンピック		冬季オリンピック	
	オリンピアード回	開催都市・国	オリンピアード回	開催都市・国
1896	I	アテネ（ギリシャ）		※1906年アテネ大会は，1940年代末のIOC理事会で，正式なオリンピックから除外が決定されたが，異論も多い。
1900	II	パリ（フランス）		
1904	III	セントルイス（アメリカ）		
(1906)	(III)	アテネ（ギリシャ）		
1908	IV	ロンドン（イギリス）←ローマ（イタリア）		
1912	V	ストックホルム（スウェーデン）		
1916	VI	ベルリン（ドイツ）		
1920	VII	アントワープ（ベルギー）		
1924	VIII	パリ（フランス）	I	シャモニー＝モン＝ブラン（フランス）
1928	IX	アムステルダム（オランダ）	II	サンモリッツ（スイス）
1932	X	ロサンゼルス（アメリカ）	III	レークプラシッド（アメリカ）
1936	XI	ベルリン（ドイツ）	IV	ガルミッシュ＝パルテンキルヒェン（ドイツ）
1940	XII	ヘルシンキ（フィンランド）←東京（日本）	V	ガルミッシュ＝パルテンキルヒェン（ドイツ）←サンモリッツ（スイス）←札幌（日本）
1944	XIII	ロンドン（イギリス）	V	コルティーナ・ダンペッツォ（イタリア）
1948	XIV	ロンドン（イギリス）	V	サンモリッツ（スイス）
1952	XV	ヘルシンキ（フィンランド）	VI	オスロ（ノルウェー）
1956	XVI	メルボルン（オーストラリア）／ストックホルム（スウェーデン）	VII	コルティーナ・ダンペッツォ（イタリア）
1960	XVII	ローマ（イタリア）	VIII	スコーバレー（アメリカ）
1964	XVIII	東京（日本）	IX	インスブルック（オーストリア）
1968	XIX	メキシコシティ（メキシコ）	X	グルノーブル（フランス）
1972	XX	ミュンヘン（西ドイツ）	XI	札幌（日本）
1976	XXI	モントリオール（カナダ）	XII	インスブルック（オーストリア）←デンバー（アメリカ）
1980	XXII	モスクワ（ソビエト連邦）	XIII	レークプラシッド（アメリカ）
1984	XXIII	ロサンゼルス（アメリカ）	XIV	サラエヴォ（ユーゴスラビア）
1988	XXIV	ソウル（韓国）	XV	カルガリー（カナダ）
1992	XXV	バルセロナ（スペイン）	XVI	アルベールヴィル（フランス）
1994			XVII	リレハンメル（ノルウェー）
1996	XXVI	アトランタ（アメリカ）		
1998			XVIII	長野（日本）
2000	XXVII	シドニー（オーストラリア）		
2002			XIX	ソルトレイクシティ（アメリカ）
2004	XXVIII	アテネ（ギリシャ）		
2006			XX	トリノ（イタリア）
2008	XXIX	北京（中国）・香港		
2010			XXI	バンクーバー（カナダ）
2012	XXX	ロンドン（イギリス）		
2014			XXII	ソチ（ロシア）
2016	XXXI	リオデジャネイロ（ブラジル）		
2018			XXIII	平昌（韓国）
2020	XXXII	東京（日本）		
2022			XXIV	北京（中国）
2024	XXXIII	パリ（フランス）		
2026			XXV	※2019年9月決定予定
2028	XXXIV	ロサンゼルス（アメリカ）		

出典：著者作成（グレー地は中止になった大会）

> １．オリンピアードは連続する４つの暦年からなる期間である。それは最
>   初の年の１月１日に始まり，４年目の年の12月31日に終了する。
> ２．オリンピアードは，1896年にアテネで開催された第１回オリンピアー
>   ド競技大会から順に連続して番号が付けられる。第29次オリンピアード
>   は2008年１月１日に始まった。
>
> （以下，省略）

と規定されており，これが４年に１回の開催の根拠ともなっているのである。

　さて，このオリンピック憲章は，しばしば1908年版が最初のものとされるが，「憲章」と明記されたのは1924年版からであるという（石堂典秀（2016），「国際オリンピック委員会（IOC）の法的地位」，中京大学社会科学研究所（2016），p.15）。その後，何度も改訂を繰り返して現在に至っているが，オリンピックを取り巻く「憲法」的な位置づけとして扱われている。

　2017年版では，「第１章　オリンピック・ムーブメント」として，主要な３つの構成要素である国際オリンピック委員会（IOC），国際競技連盟（IF），国内オリンピック委員会（NOC）を規定している。また，それに加えてオリンピック競技大会の組織委員会（OCOG），IFおよびNOCに所属する国内の協会やクラブ，個人も含まれるとしている。さらにこうした主体はいずれも，オリンピック憲章の規則に拘束され，IOCの決定に従わなければならないとされている（以上，オリンピック憲章第１章の「１　オリンピック・ムーブメントの構成と全般的な組織」より）。

　なお，このうちIOCについては，第２章に詳細に規定されている。この「15　法的地位」は以下のとおりである。

> １．IOCは国際的な非政府の非営利団体である。法人格を持つ協会の形態
>   を整えた，存続期間を限定されない組織であり，2000年11月１日発効の
>   協定に基づき，スイス連邦評議会により承認されている。

２．IOC の本部はオリンピックの都，ローザンヌ（スイス）に置く。

　３．IOC の目的はオリンピック憲章により課せられた使命，役割，責任を
　　　果たすことである。

　４．IOC はその使命と役割を果たすため，基金や会社などの法人を設立，
　　　もしくは取得することができるほか，支配下に置くことができる。

　実際のオリンピック・パラリンピックは，IOC と IF，それに開催都市の所在国の NOC や OCOG が協力して実施することになる。

　まず開会式が行なわれるが，ここでは，オリンピック賛歌を演奏することやオリンピック旗掲揚，開催国の国歌斉唱または演奏，走者達のリレーによる聖火点火，そして平和の象徴の鳩が解き放たれることが，かつてのオリンピック憲章では規定されていた。しかし，1988年のソウルオリンピックの際に，聖火台に点火したところ，先に飛び放っていた鳩が焼け死んでしまったことや，極寒地では鳩には過酷だという意見もあり，愛護団体の抗議などを受け，2004年からこの規定は撤廃された。

　ここで，2002年のオリンピック憲章と2017年のそれとを比べてみると，興味深いことが見えてくる。

　2017年版では，開会式と閉会式については，「第 5 章　オリンピック競技大会」の「Ⅳ.プロトコル（儀礼上の約束事）」における「55 開会式と閉会式」に書かれている。

　１．開会式と閉会式は IOC プロトコル・ガイド，および開催都市契約に定
　　　められたその他のプロトコルに関する条件に従い催されるものとする。

　２．すべての式典のシナリオ，予定，プログラムの内容と詳細は，IOC に
　　　提出し事前の承認を得なければならない。

　３．オリンピック競技大会は開催国の国家元首が以下のいずれかの文章を
　　　読み上げ，開会を宣言する。

　　　- オリンピアード競技大会の開幕においては

「わたしは，第...（オリンピアードの番号）回近代オリンピアードを
祝い，...（開催都市名）オリンピック競技大会の開会を宣言します。」

- オリンピック冬季競技大会の開幕においては

「私は第...（オリンピック冬季競技大会の番号）回（開催都市名）オ
リンピック冬季競技大会の開会を宣言します」

オリンピック競技大会の開催期間中，政府またはその他の公的な機関の代
表，その他の政治家がOCOGの責任下にある競技会場において演説する
ことは，すべての式典を含めいかなる種類のものであれ認められない。開
会式と閉会式ではIOC会長とOCOGの会長のみが短い式辞を述べる権限
を有する。

　この中では，プログラムの詳細について，IOCに対する事前の承認が必要
であることや，国家・政府・政治からの独立を保障するための式典における演
説の規制などが目につくが，プログラムそのもので明記されているのは，開会
宣言の文言についてだけである。これに関連して，2002年のソルトレークシ
ティオリンピックでは，当時のジョージ・W・ブッシュ大統領が政治的色彩
の濃い開会宣言をして物議をかもしている。[1]

　一方，この2002年時点でのオリンピック憲章ではどう規定されていたかとい
うと，同じく「第5章　オリンピック競技大会」の「Ⅳ　プロトコール」にお
ける「69　開会式及び閉会式」に記載がある。

1．開会式及び閉会式は，IOCが定めたプロトコールに従って開催されな
ければならない。これらはオリンピズムの人道的原則を反映及び描くも
のとし，その普及に貢献するものとする。

2．開会式は，オリンピアード競技大会とオリンピック冬季競技大会の競
技の1日以上前には行わないものとする。閉会式は，オリンピアード競
技大会とオリンピック冬季競技大会の競技の最終日に行なうものとする。

3．このような式典の詳細なプログラムは，OCOG が提案し，IOC 理事会
　　に提出して承認を得なければならない。

　開会式と閉会式の規定における2017年との相違は，2002年版には 2 の日程に
関するものがあることと，2017年版に存在する 3 の開会宣言に関するものがな
かった，といった程度となっている。
　しかし，この2002年のオリンピック憲章には付随細則があり，そこにはきわ
めて詳細に，開会式について規定されている。

上記の付随細則

　1　開会式
　1.1　オリンピック競技大会の開会宣言は開催国の国家元首によって行われ
　　るものとする。
　1.2　開催国の国家元首は，スタジアムの入口で IOC 会長及び OCOG 会長
　　の出迎えを受ける。両会長は，そのあと同国家元首を貴賓席のボックス
　　へ案内する。
　1.3　参加者の行進がこれに続く。各選手団は，公式ユニフォームを着用し，
　　選手団の名が書かれたプラカードに先導され，選手団の 1 名がもつ選手
　　団の旗とともに行進する。参加選手団の旗及びプラカードは OCOG が
　　提供するもので，かつ同じ大きさでなければならない。プラカードを掲
　　げ持つ先導者は，OCOG が指名する。
　1.4　行進に参加する者は，旗，のぼり，吹き流し，カメラ，その他の人目
　　につくアクセサリーや品物で，公式ユニフォームの一部ではないものを
　　もっていてはならない。
　1.5　選手団は開催国の言語でのアルファベット順に行進する。但しギリ
　　シャと開催国は例外で，ギリシャは行進の先頭に立ち，開催国は最後尾
　　とするものとする。1 選手団につき最高 6 名の役員に先導される。この

行進に参加できる者は，オリンピック村に宿泊する権利を持ってオリンピック競技大会に参加する選手のみとする。

1.6　選手団は，貴賓席のボックス前を通過する際，開催国の国家元首並びにIOC会長に敬礼をする。各選手団は，行進が終わった後指定された席につき，セレモニーを見物する。但し，旗手だけはそのままフィールドに残る。

1.7　IOC会長が，OCOG会長に伴われて貴賓席正面のフィールド上に設けられた演壇に進む。OCOG会長が最高3分間の祝辞を述べ，次のように，つけ足す：「私は，国際オリンピック委員会会長，……氏にご挨拶をお願いするため，お招きする栄誉をえました。」

1.8　次に，IOC会長がピエール・ド・クーベルタンに触れる挨拶をし，こうつけ加える：「私は，第……回，近代オリンピアード競技大会（もしくは，第……回オリンピック冬季競技大会）の開会宣言をお願いするために，……（開催国の国家元首）……をお招きする栄誉を得ました」

1.9　開催国の国家元首は，次のように開会宣言をする：「私は，……（開催都市の名前）……で開催する第……回近代オリンピアード競技大会（または，第……回オリンピック冬季競技大会）の開会を宣言いたします。」

1.10　オリンピック讃歌が演奏されている間に，水平に広げたオリンピック旗がスタジアムに運ばれ競技場内に立てられたメインポールに掲揚される。

1.11　オリンピック聖火が走者達のリレーによってスタジアムに運び込まれる。最後の走者がトラックを一周し，オリンピック聖火に点火する。聖火はオリンピック競技大会の閉会式まで消されてはならない。聖火への点火に続いて，平和を象徴する鳩が解き放たれる。

1.12　全ての選手団の旗手が，演壇の周りに集まって半円形をつくる。開催国の競技者一名が演壇に上がる。彼は，左手でオリンピック旗の端をもち，右手を挙げて，次のように厳粛に宣誓する：「私は，全ての選手の名において，我々がこの大会を律するルールを尊重し，これを守り，

第3章　世界のセレモニーとイベント　71

ドーピングを行わず，また薬物を使用せず競技に全力で取り組み，真の意味でのスポーツマンシップにおいて，スポーツの栄光とチームの名誉のためにこのオリンピック競技大会に参加することを宣誓いたします。」

1.13　その直ぐ後に，開催国から一名の審判員が演壇に上がり，同様にして次のように宣誓する：「私は，全ての審判員及び役員の名において，われわれが真の意味でのスポーツマンシップにおいて，この大会を律するルールを尊重し，これを守り，完全な公平さをもってルール通りにこのオリンピック競技大会の競技を進行させることを誓います。」

1.14　次に，開催国の国歌が演奏される（または歌われる）。その後，旗手達は彼らのために確保されている指定席に進み芸術プログラムを見る。

1.15　オリンピック競技大会の別の会場での第二の開会式をIOCが承認する場合には，OCOGの提案に基づいてそのプロトコールをIOC理事会が決定するものとする。

この詳細な指示の部分の多くが，現在の憲章では削除されているということである。

さらに，閉会式についてもきわめて詳細にわたって規定されていた。

2　閉会式

2.1　閉会式は，全てのイベントが終了した後にスタジアムで行われなければならない。オリンピック村に宿泊する権利を持ちオリンピック競技大会に参加した者は，彼らのためにスタンドに確保された指定席につく。代表選手団の旗手，及び選手団名を書いたプラカードを持つ者は，1列になってそのオリンピック競技大会の開会式の時と同じ順序でスタジアムにはいり，同じ位置につく。彼らの後に続いて選手達が国別に別れることなく行進する。

2.2　続いて，旗手達が演壇の後ろに半円形に並ぶ。

2.3　IOC会長及びOCOG会長が演壇に上がる。優勝旗の掲揚に使用され

てきた中央のポールの右側に立つポールにギリシャの国歌の演奏にあわせてギリシャの国旗が掲揚される。続いて，中央のポールに開催国の国旗が掲揚され，その間に開催国の国歌が演奏される。最後に，次回オリンピック競技大会の開催国の国旗がその国歌の調べにあわせて左側のポールに掲揚される。

2.4　開催都市の市長がIOC会長のいる壇上に上がり，オリンピック旗を返還する。次に，IOC会長はその旗を次回オリンピック競技大会の開催都市の市長に預ける。この旗は，次回オリンピック競技大会までの間，その開催都市の市庁舎に掲揚されなければならない。

2.5　OCOG会長の挨拶の後，IOC会長がオリンピック競技大会の閉会の言葉を述べる。これは，次のような言葉で終わるものとする：「私は，ここに，第……回オリンピアード競技大会（もしくは，第……回オリンピック冬季競技大会）の閉会を告げ，伝統に従って，世界の若者にこう呼び掛けるものであります。4年後には，……（次期開催都市がまだ選定されていない場合には，都市の名前に代えて『これから選ばれる場所』という言葉を使う）……に集まろう。そしてそこで，我々と共に第……回オリンピアード競技大会（もしくは，第……回オリンピック冬季競技大会）を開催しよう」

2.6　ファンファーレが鳴り，オリンピック聖火が消され，オリンピック讃歌が演奏される間にオリンピック旗がゆっくりと降ろされ，ポールから外されて水平に広げられたまま競技場の外へ運ばれる。後に旗手達が続く。別れの歌が鳴り響く。

　こうした細かい流れの指定はなくなったため自由度は高くなったが，実際にはIOCの承認が必要であることには注意が必要である。

　いずれにせよ，その国の文化や歴史，民族性などを取り入れたものが開会式や閉会式には取り入れられ，多様な演出手法も加えられて開催される。

　なお，2016年のリオ・デ・ジャネイロ大会の閉会式における2020年東京大会

のプレゼンテーションは，オリンピックの理念に照らすと異例だらけであった
という。それは，オリンピックは本来，都市が開催するにもかかわらず，開催
都市の首長ではなく首相が主役的な位置づけで登場したこと，IOC が公認し
ているとはいえ，架空の存在であるゲーム・キャラクターを主役に重ねて演出
したこと，オリンピズムの理解を踏まえたメッセージ性がなかったことの 3 点
に集約される（「序」，中京大学社会科学研究所（2016），pp. 2 - 3 ）。

　現代のオリンピック・パラリンピックは，巨大メディアの意向を無視できな
くなっている。2020年東京五輪は， 7 月24日開幕， 8 月 9 日閉会という日程が
決まっている。これは，「欧米のプロスポーツの日程や巨額の放映権料を払う
テレビ局の都合を優先した」（朝日新聞2017年 8 月14日朝刊 6 面「社説」より）とい
う批判も多い。

　事実，米国のテレビ局である NBC は，2032年大会までの放映権を保持して
いるが，2024年からの夏冬 6 大会などに関して76億 5 千万ドルにも上るという。
日本の NHK と民法各社の共同事業体も，平昌と東京を含む2018年から2024年
までの夏冬 4 大会で 1 千億円以上を拠出している。

　こうした巨額の放映権料は，そのまま発言力の強化にもつながり，放送会社
にとって有利な日程や時間帯での競技が増加しかねない。とはいうものの，放
映権料なしにオリンピックを成り立たせることも，現状では難しいだろう。

　その意味では，現在のオリンピックは，当初の理念と現実との間で，新しい
姿を模索している状況であるといえるかもしれない。

（ 2 ）サッカー・ワールドカップ

　オリンピックと並ぶ世界的なスポーツ・イベントとしては，サッカーのワー
ルドカップが挙げられよう。国際サッカー連盟（以下，「FIFA」という）が主
催する，男子ナショナルチームによる世界選手権大会である。関連するものに
女子の大会である FIFA 女性ワールドカップ，国ごとではなくクラブチームの
大会となる FIFA クラブワールドカップがある。

　FIFA ワールドカップは 4 年ごとに本大会が開催され，1994年以降の冬季五
輪と同年開催となった。歴史は古く，1930年にウルグアイで第 1 回大会が開催

された。1942年と1946年は，第二次世界大戦のために中止となっている。

本大会では，1998年のフランス大会以降は全64試合が開催され，合計300万人前後もの観覧者数が記録される。そのため，開催国に要求される施設の要件が厳しく，4万人以上収容可能な会場を12カ所，そのうち開幕戦と決勝戦は8万人以上，準決勝戦は6万人以上が収容できる必要がある。そのため，それだけの施設を維持することができるサッカー観戦市場が存在していなければならず，当該国におけるサッカーの振興が前提となる。

（3）万国博覧会

国際博覧会条約に基づき，複数の国が参加して開催される博覧会を万国博覧会，国際博覧会という。1798年にパリで開催されたものが最初であるとされ，19世紀後半になると，米国を含む各国で開催されるようになっていった。

1996年までは，一般博と特別博（または国際博）という区別が存在した（正確には，1976年まで一般博に1種と2種があった）。一般博は，博覧会国際事務局が定めた人類の諸活動の二分野以上にわたるテーマを掲げて開催されるものであり，5年おきの開催を原則としている。一方，特別博は期間の制約がなかった。

1996年以降は，これが登録博と認定博に再編された。登録博は総合的な万国博覧会とされ，認定博は特定の，あるいは専門的な内容の博覧会ということになった。

日本では1940（昭和15）年に開催されることになり，勝鬨橋もそのために架けられたが，戦争のために中止となった。その際の前売り券は1970（昭和45）年の日本万国博覧会（大阪万博）と2005（平成17）年の日本国際博覧会（愛知万博）でも使用可能とされ，実際に使った人もいたという。

戦後，1970年に開催された日本万国博覧会（大阪万博）が最初のものである。これは一般博であったが，わが国における一般博または登録博として開催されたものは，その後は2005年日本国際博覧会（愛知万博）のみである。その他の，1975（昭和50）年から翌年にかけて開催された沖縄国際海洋博覧会（沖縄海洋博），1985（昭和60）年の国際科学技術博覧会（筑波科学博），1990（平成2）年

の国際花と緑の博覧会（花博）はいずれも国際博あるいは認定博として開催された。また，1989（平成元）年の横浜博覧会，2006（平成18）年の長崎さるく博などは，国際博覧会条約に基づくものではない。

（4）その他

スポーツ・イベントとしては，他にもスキーの世界選手権，陸上競技における世界陸上，テニスの4大大会（全豪，全仏，ウィンブルドン，全米），ゴルフの4大メジャー（マスターズ，全米オープン，全英オープン，全米プロゴルフ選手権），ヨットのアメリカスカップ，自動車レースのF1世界選手権など，多くの国際大会が開催されている。地域限定のものとしてはアジア競技大会なども存在感がある。いずれも数万人〜数百万人の動員力があるうえ，テレビ放映などを通じた視聴者は非常に多い。

また，芸術・文化イベントとしては，ヴェネツィア・ビエンナーレやミラノ・トリエンナーレのような国際美術展覧会，カンヌ国際映画祭やベルリン国際映画祭，ヴェネツィア国際映画祭（以上は国際映画製作者連盟（FIAPF）公認の世界三大映画祭）のような映画祭もきわめて大きなイベントである。また，モーターショーや航空ショーのような国際的な見本市・商談会も同様であるが，こうした要素については近年，MICE（Meetings／Incentive Tours／Conventions/Conferences／Exhibition/Events）というカテゴリーで研究の対象ともなってきている。なお，上記のうちミラノ・トリエンナーレは認定博覧会でもある。

さらに，飯田・立石編（2017）では，

- ・パブリック・ビューイング
- ・音楽フェス
- ・ゲーム実況イベント

などを総称して，「メディア・イベント」として研究の対象としている。必ずしも一カ所に大勢が集まらなくても，IT技術を駆使して，多くの人が実際には参加する形が取れるようになってきているため，ここで論じたイベントと同様の考察が必要とされる。

以上論じた大規模なイベントはいずれも，一時的にきわめて大勢の人が当該地域にやってくることになり，大きな経済効果があることが指摘されている。MICE が着目されるようになってきたのもその点が大きい。

しかし，松村編（2007）においては，大規模なスポーツ・イベントの明と暗について論じられている。特に世界的なイベントの場合には，周辺のインフラ関連の開発が進む一方で，地域のコミュニティに少なからぬ影響を及ぼすことがある。

また，東京オリンピック・パラリンピックに関しては，暮沢（2018）にデザイン視点からの検討がなされている。すなわち，エンブレムと新競技場のデザインコンペをめぐる騒動を分析して，責任の所在が曖昧なことと，大会そのものの理念のなさを挙げている。いずれも最終的には再コンペということになったが，初回コンペを通じて選出されたものに問題が生じても，誰に責任を帰せばいいのかが分かりにくく，結果としてエンブレムについてはデザイナーに対しての炎上という形で収束に向かった。

多くの国民を統合し，大会を統制するためには，それにふさわしい理念が存在する必要がある。そして，理念を視覚化したものがエンブレムや開閉会式の会場となる競技場ということになる。現状では，2020年に向けてこうした理念が見出せない。

1964年の東京五輪では戦後復興という大きなテーマがあり，それを通じて国家の一体感が醸成された。しかし，今回のオリンピックではそれが見えないうえ，逆に一部での利権と化している点が，今後さまざまな問題を生じさせる可能性をはらんでいる。

元首が交代するに際して，なぜ宗教的な力を借りる必要があるのか，この辺りにその答えが潜んでいるようにも感じられる。その点については，次章でわが国の事例も通じて考察する。

（徳江順一郎）

注

（1）On behalf of a proud, determined and grateful nation...「誇り高く，決意に満ちた，偉大な国を代表して」（日本経済新聞2016年6月9日朝刊，p.36.）。

参考文献

Boykoff, Jules（2016），*Power Games: A Political History of the Olympics*, Dave Zirin.（中島由華訳（2018），『オリンピック秘史——120年の覇権と利権』早川書房.）

Ralph S. Solecki（1971），*Shanidar, the first flower people*, Knopf.（香原志勢・松井倫子訳（1977），『シャニダール洞窟の謎』蒼樹書房.）

飯田豊・立石祥子編著（2017），『現代メディア・イベント論』勁草書房.

蒲生俊仁（1979），『イギリスの戴冠式——象徴の万華鏡』神道文化会.

クラウス・クラハト，克美・タテノクラハト（1999），『クリスマス——どうやって日本に定着したか』角川書店.

暮沢剛巳（2018），『オリンピックと万博——巨大イベントのデザイン史』筑摩書房.

清水諭編（2004），『オリンピック・スタディーズ——複数の経験・複数の政治』せりか書房.

中京大学社会科学研究所編（2016），『学際的アプローチによるオリンピックの探求』中京大学社会科学研究所.

髙橋大輔（2012），『12月25日の怪物——謎に満ちた「サンタクロース」の実像を追いかけて』草思社.

徳江順一郎編著，遠山詳胡子・野田兼義・森下恵子（2014），『ブライダル・ホスピタリティ・マネジメント』創成社.

日本オリンピック・アカデミー編集・出版委員会編（2016），『JOA オリンピック小事典』日本オリンピック・アカデミー.

間宮聰夫・野川春夫編（2010），『スポーツイベントのマーケティング』市村出版.

松村和則編（2007），『増訂　メガ・スポーツイベントの社会学』南窓社.

山北篤監修（2003），『英雄事典』新紀元社.

結城和香子（2004），『オリンピック物語——古代ギリシャから現代まで』中央公論新社.

若林ひとみ（2010），『クリスマスの文化史』白水社.

第4章 日本の公的なセレモニーとイベント

1. 国家・政府・自治体の式典

(1) 天皇の譲位にともなう儀礼

わが国における「天皇」という地位は，世界的に見ても独特なものである。

日本国憲法は，国民主権が前提となっているが，一方で第一章において，まず天皇についての記述からはじまっている。第一条で，「天皇は，日本国の象徴であり日本国民統合の象徴であつて，この地位は，主権の存する日本国民の総意に基く。」とあるように，天皇とは「国の象徴」であるとともに，「国民統合の象徴」ともされている。この点は，いわゆる「立憲君主国」とは異なる扱いとされており，一般には「象徴天皇制」といわれる。さらに，日本国憲法では「政教分離」が徹底されたため，神聖な，あるいは宗教的象徴としての存在としても，憲法上は否定されている。

これに対して，大日本帝國憲法においては，同じく第一章が天皇に関する記述ではじまっているが，第一條に「大日本帝國ハ萬世一系ノ天皇之ヲ統治ス」とあるように，天皇こそが主権者となっている。また，第三條には「天皇ハ神聖ニシテ侵スヘカラス」とあり，神聖な存在であることも明示されている。

本当の意味で「万世一系」なのかどうかはここでは触れないが，現在でも一般にはそのようにとらえられており，また，国民とは異なる立場・地位であることは，「象徴」という表現によって現憲法でも定められているといえるだろう。その点からしても，こうした天皇の地位を受け継ぐには，やはり特別な儀礼が必要とされることになる。

第4章　日本の公的なセレモニーとイベント　79

　皇位継承とは，先帝が崩御または譲位した際に，単に皇子が皇位に即けばいいというものではない。皇位に即くとともに，「祖宗の神器」などを承け継ぎ，即位儀礼を行ない，年号（元号）を改元する必要がある。こうした「変化」に関して，江戸時代までは成文化したルールが存在しなかった。従前の慣習や先例を踏まえつつ，その時代の状況も加味して，ある程度，弾力的に運用されてきたといえる。しかし，明治政府は近代的な立憲君主国家に脱皮するために，皇室制度についても成文化する必要に迫られた。

　皇位継承にともなう諸儀式のうち，「践祚」とは，「宝祚」すなわち天皇の位を「践む（ふむ）」すなわち「踏む，行なう」ということであり，皇位に即く「即位」と同じ意味でとらえられることが多い。しかし，第38代天智天皇が，事実上は宝祚を践みながらも，皇太子のまま大政をし，7年後に「即位」したことから，践祚と即位とは区別されるのが一般である。なお，この践祚では，その象徴的行為として，「鏡，剣，璽（玉）」すなわち「八咫鏡，草薙剣（天叢雲剣），八坂瓊曲玉（勾玉）」のいわゆる「三種の神器」とその他の宝物を受け継ぐことになる。

　実際の即位は「即位礼」で，新天皇自らが即位の勅語を読み上げることによりなされる。さらにその後，「大嘗祭」において，斎田から献納された神饌を天皇が祭神に供え奉り，それをともに自ら食することで，「神人共食」により「霊威」も受け継ぐことになる。

　こうしたプロセスとともに「元号」も改元される。わが国では明治以降，一代一号となったが，「大正」は1912（明治45）年7月30日の未明に明治天皇崩御後，同日中に改元詔書が発せられ，同日午前0時にさかのぼって大正となった。「昭和」は1926（大正15）年12月25日の未明に大正天皇が崩御後，やはり同日中に改元詔書が発せられ，同日午前0時にさかのぼって昭和となった。一方，「平成」は1989（昭和64）年1月7日午前6時33分に昭和天皇が崩御したが，同日に出された改元の政令では，その翌日にあたる1月8日午前0時から新元号を施行することになった。

　以上の一連の儀礼について，具体的な内容としては『皇室典範』で定められている。これも，明治以降と第二次大戦後とでは内容が変わることになった。

戦後の皇室典範には，まず退位に関する条項がなくなった。これは，自由意思による退位を認めると，本人の意思なのか保証が難しく，皇位の不安定につながりかねないという懸念からである。そして，「践祚」による「神器の受け継ぎ」，京都での「大嘗祭」，一世一元の「元号規定」にあたる条項も削除された。いずれも，民主主義を推し進めようとしていた GHQ の強い意思がその背後には存在する。

ただし，神器については，戦後に別途定められた，皇室の財産を定める『皇室経済法』の第七条で「皇位とともに伝わるべき由緒ある物は，皇位とともに，皇嗣が，これを受ける。」としており，「財産」としての相続を定めている。また，大嘗祭は「皇室の行事」として実施し，元号は『元号法』で規定されることになった。

なお，皇室典範も，皇室経済法と同様，法律としての位置づけである。しかし，戦前の伝統を汲むことと，皇室という存在の特異性に鑑みて，「法」ではなく「典範」という表現になっている。

こうしたことを踏まえて，高橋・所（2018）は，譲位にともなう一連の儀式を，以下のように提示している（pp.236-249 をもとに，一部改変）。

①今上天皇の「退位の儀式」
　①'「退位に伴う朝見の儀」
②新天皇の「即位の儀式」
　②'「即位後朝見の儀」
③大規模な「即位礼」
④伝統的な「大嘗祭」

①退位の儀式と朝見の儀

天皇は，退位に際して「本宮」（内裏）を出て，上皇用の「御在所」（後院）に遷ると，その御前で大臣などの代表による「宣命大夫（使）」が「譲位の宣命」を読み上げ，皇位が継承される。過去の例では，そこに皇太子が同席したケースも同席しなかったケースもある。また，いくつかの宝物も同時に移動する。

ただし，現憲法下では，天皇の意思で譲位することはできないため，こうした儀式として実施できるかは微妙な面があり，検討が必要とされる。

②即位の儀式と朝見の儀

　1989（昭和64）年1月7日，「剣璽等承継の儀」という儀式が執り行なわれた。この際に，吹上御所に安置されている宝剣と神璽（勾玉・曲玉），国事行為に用いる金印が新天皇（今上天皇：平成の天皇）に承継された。宮中三殿におさめられている「神鏡（八咫鏡）」とともに三種の神器とされるものである。ただし，現憲法下では，あくまで「皇位とともに伝わるべき由緒ある物」として承継することになる。

　また，同年1月9日には，「即位後朝見の儀」も執り行なわれている。そこでは新天皇が玉座に就き，国民に対してメッセージを読み上げ，それに対して三権の長を代表する者が祝辞を述べている。

③即位礼

　宮殿などに天皇用の「高御座」と皇后用の「御帳台」を設置して，黄櫨染御袍を召した天皇と，十二単を召した皇后とが，それぞれの台上に登壇し，天皇が即位を内外に宣明することになる。その際，国内外の関係者も多く招待されることになるため，大変に大規模な儀式となる。

　終了後は，近年はパレードが実施されるのが慣例となっており，ここで広く国民からも直接的なお祝いがなされることになる。

④大嘗祭

　天皇が神々に飯と酒をささげ，それをともにいただくことで，神々の霊威を受け継ぐ儀式である。ただし，このように宗教的な特性が付帯することから，神道式の祭祀と解されるため，あくまで現憲法下では「皇室の行事」として実施される。

　そもそもは，毎年秋に執り行なわれる「新嘗祭」の，代替わり時に行なわれる大規模版である。毎年の新嘗祭と異なるのは，特別な斎田を定め，特別な麻

や絹を用意し，儀式専用の大嘗宮を建立するといった点である。

　この開催に際して用意される大嘗宮には，天皇が潔斎や着替え，休憩をする廻立殿，祭祀をする悠紀殿・主基殿がある。悠紀殿では悠紀地方が，主基殿では主基地方が選ばれ，それぞれの斎田が定められてそこで祭祀用の米と粟が栽培される。

　その後も，祖霊神への報告など，さまざまな儀式が執り行なわれる。

　なぜ，これほどまでに伝統を意識しつつ，多くの儀式を含む儀礼をする必要があるのだろうか。それはやはり，儀礼が持つ伝統の重みが，超越的な要素とも絡み，多くの関係者の納得を引き出しやすくなるからではないかと考えられる。

　現在のわが国における基本原理は，

・国民主権
・基本的人権の尊重
・平和主義

である。国民主権であるため，国民は等しく平等である。そのため天皇は，大日本帝國憲法下とは異なり主権者ではなく，また，宗教的権威も保証されてはいない。しかし，多くの国民にとっては，やはり特別な存在であり，その地位に就く者，そしてその地位そのものは，大きな影響を国民全体に及ぼすものであると考えられる。その意味では，さまざまな権威のうちで影響度の大きいと考えられる「伝統」をうまく利用することで，天皇と国民との「関係性の変化」をスムーズに進めることが可能となっているともいえるだろう（図4-1）。そして，そういった伝統を意識しているからこそ，古来の設備を再現したり，平安時代からの伝統衣裳を用いるなどしているのである。

　以上をまとめると，「日本国の象徴であり日本国民統合の象徴」である天皇が替わるに際しては，多くの関係者がいる状況で，スムーズに新しい関係へと移行できるよう，「伝統」も利用しつつ厳粛に儀式を重ねていっているということがうかがえる。

第4章　日本の公的なセレモニーとイベント　83

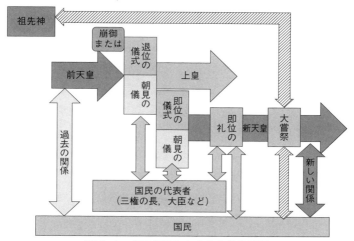

図4-1　天皇譲位にともなう儀礼分類
出典：高橋・所（2018），pp.236-249をもとに著者作成．

（2）内閣の発足

　現在のわが国では，国会が立法機関，内閣が行政機関という位置づけになっている。内閣の長である内閣総理大臣は，国会議員の中から国会の議決により指名され，天皇によって任命される。すなわち，議院内閣制を採用している。

　一方，国会は，衆議院では4年の任期満了時あるいは解散時に総選挙が実施され，衆議院議員が選出される。参議院では6年の任期であるが，3年ごとに半数の改選が実施される。

　こうした点からすると，国会議員が一度に入れ替わる可能性があるのは衆議院のみであり，さらに再選する議員ももちろんいることから，継続性は比較的高いものと考えられる。そのため，衆議院解散による総選挙後に召集される特別会にせよ，衆議院の任期満了による総選挙後あるいは参議院の通常選挙後に召集される臨時会にせよ，特に儀式などは執り行なわれない。議長，副議長の選挙と挨拶，それと内閣総理大臣の指名がなされるが，いずれも儀式のようなものは行なわれない。

　これに対して，国会により指名された内閣総理大臣は，ともに内閣を構成する国務大臣を選出し新内閣を組閣する。内閣総理大臣は天皇が任命するため，

衆参両院議長の列席のもと内閣総理大臣に対する任命式（親任式）が行なわれ，その後，内閣総理大臣により任命された国務大臣の認証式（認証官任命式）が行なわれる。これで正式に内閣が発足したことになる。組閣後には通常，内閣総理大臣と全閣僚が一堂に会して記念写真の撮影となる。

　なお，内閣総理大臣と最高裁判所長官は天皇からの任命が必要だが，衆参両院議長は必要ではない。

（3）自治体の首長交代・議会開会

　わが国の地方自治法では，都道府県知事も市区町村長も，特別職国家公務員とされ，住民による選挙で選ばれる。当選後，初登庁の際などに「就任式」といったことがしばしば実施される。その際には，施政方針なども含めた演説をすることも多い。こうした演説は議会に対しても行なわれるが，就任式では住民との関係を意識して，新しい関係を築いていくことを念頭に実施される。

　ただし，就任式の多くは各都道府県・市区町村職員であり，多くの場合，住民に対して直接行なわれるものではない点には注意が必要である。

2.　組織の式典

（1）入園・入学式，卒園・卒業式

　幼稚園や保育園では入園式，小学校から大学までは入学式が行なわれる。いずれも，学校長・学園長（校長・学長など）など「受入側」からのメッセージ，入園・入学する側からのメッセージ，在園児・在校生からのメッセージ，その他関係者のメッセージなどが交わされ，国歌や校歌の斉唱が続く。入る側と受け入れる側，そしてそれを取り巻く関係者との間でメッセージを交換し，国歌や校歌を斉唱することで，同じ集団となり，新しい関係になったことを確認することになると考えられる（図4-2）。

　一方，卒園・卒業式では，卒園・卒業証書の授与がメインとなる。しかし，やはり入園・入学式と同様のメッセージが交わされ，国歌や校歌を斉唱する。ここでは一見，関係が解消される状況に対する式なのかとも思えるが，そうで

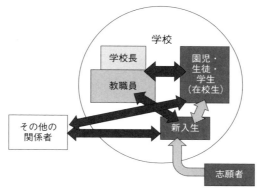

図4-2　入園・入学にともなう関係性
出典：著者作成

はない。

- （精神的・肉体的に）成長過程のプロセスを経たというお祝い

の要素があると同時に，

- 在校生ではなく「卒業生」という新しい関係

への移行という要素が見逃せない。学校にとってのなによりの財産は，卒業生の活躍である。自身の母校に対する想いを持ってもらうためにも，こうした儀礼が必要とされることになる。

（2）企業・団体などでの入社式・入団式

学校での入園・入学式などと同様，企業や団体に就職するに際してもわが国では入社式・入団式といったことが行なわれる。これも主たる目的は図4-2と同様に「新しい関係の確認」であると考えられる。特に，「新卒一括採用」が行なわれている日本や韓国などでしか見られない点には注目が必要である。「にわとりか卵か」の議論になってしまうが，新卒一括採用は企業における社

員との関係性にも大きく影響しているといえる。そういった関係への移行を強く意識させる儀式が入社式・入団式ということになる。

そのため，退社に際しては，みなが一斉に退社するわけでもないということもあり，大々的な「退社式」が行なわれるわけではない。ただし，もちろんわが国では部署単位での「壮行会」といったことが行なわれるのが通例である。

（3）学校行事

わが国では，こうした入園・入学時の行事以外にも，在学中にさまざまな行事がある。学期のはじまりには始業式，終わりには終業式，他にも文化祭や体育祭などといった行事が目白押しである。

さて，ここで文化祭と体育祭と表現したが，いずれも教育の一環として開催される。ある意味，第3章で論じた万国博覧会とオリンピックにそれぞれ対比できよう。中学から高校にかけての文化祭では，部活の発表や企画などが中心であり，大学の学園祭では模擬店の出店が中心となる。一方，大学ではほとんど実施されないが，幼稚園から高校までの一大イベントになるのが体育祭である。

小学校ではあまり体育祭とは呼ばず，運動会ということが多い。「祭」がつくかつかないかはともかく，年に一回の重要なイベントであることは間違いない。

この運動会の起源について，新谷（2007）は，1874（明治7）年に築地の海軍兵学校寮で開催されたものを挙げている。そして，1878（明治11）年には札幌農学校で，1883（明治16）年には東京大学でもこの運動会の前身となるものが開催されている。そして，これが広まったのは，1885（明治18）年に初代文部大臣の森有礼が奨励したことによる。そこに入場行進や開会式，閉会式など式典的要素も加えられることで，農村におけるまつりに代わる，都市部の秋の年中行事として広まるに至ったという側面も否定できない（pp.143-145）。

この運動会の開催は，わが国の近代化にとって，「国威発揚」，「富国強兵」，「健康増進」などの面から大きく貢献した。さらに，地域社会の再編成がスムーズに進んだという副作用もあった。現在でも近隣の人たちが来賓で招待されるが，まさに地域を巻き込んだイベントであったということになる。

第4章　日本の公的なセレモニーとイベント　*87*

　また，かつては秋の年中行事という性格もあったが，最近では5月から6月にかけて開催されることが多くなっている。もちろん今でも9月から10月にかけてもかなり開催されている。これには体育の日が10月10日だったことも関係している。余談になるが，やはり7月から8月にかけて東京オリンピック・パラリンピックを開催するというのは，こうしたことを見ても現実的ではない。

　最近の体育祭におけるトピックとしては，組体操の人間ピラミッドにおける事故の多発であろう。2010年代に入ってからは事故報告が増加し，死亡事故も発生するようになった。教育は地方分権により成り立っているため，各教育委員会での判断となるが，一部の教育委員会では禁止措置が取られるようになってきつつある。

　学校ではあまり成長過程にかかわる行事がなかったが，近年は「二分の一成人式」というものが急増している。これについては，次節でも検討する。

3.　地域のまつり

（1）地域のまつりの概要

　もともとは，次章で扱う宗教的なものが「まつり」の中心的存在であった（つまり「祀り」や「祭り」である）。しかし近年では，まつりの多くは市区町村などに実行委員会が置かれ，イベントの要素が強いものも増えてきた。

　以下では，特徴的な一部のまつりやイベントを取り上げて，簡単にそれぞれについて説明をする。

（2）全国的に複数の場所・主体で開催されるまつり

①針供養

　2月8日または12月8日に，針を集めて供養する行事である。針子たちが晴れ着を着て裁縫師匠の家に集まり，五目飯などを炊いて，一年間使用した針に添えて寺社に供えたのがはじまりとされる。淡島神を祀っている神社，淡島神を祀る淡島堂がある寺院などに納める。地方によっては，裁縫の上達を願って焼いた餅を近所に配る風習がある。

②灌仏会

　釈迦の誕生日とされる4月8日に開催される。もともとは釈迦像に水や甘茶を「灌（そそ）」いでいたことが由来である。「仏生会（ぶっしょうえ）」，「浴仏会（よくぶつえ）」，「竜華会（りゅうげえ）」などともいう。あるいは，時期的なこともあり花祭と呼ばれることもある。

③夏越の祓（名越の祓）

　かつては毎年6月と12月の末日に，罪や汚れを除く行事として大祓と呼ばれる年中行事が行なわれていた。廃絶していた時期もあったが，明治以降に各神社で復活している。6月のものを「夏越の祓」や「名越の祓」，「夏祓」などという（なお，12月のものは「年越の祓」ということが多い）。一時はほとんど行なわれなくなっていたが，明治の神仏分離に際して「大祓」の名称で復活した。

　現在よく行なわれるのは茅の輪くぐりである。参道に茅で編んだ直径数メートルの輪を立てて，氏子が正面から先に左回り，次に右回りと，8の字を描いて3回くぐることで，半年間の穢れを落とせるというものである。

　この時期に京都では，「水無月」という和菓子を食す習慣がある。三角形をして小豆が乗っているお菓子であるが，小豆は悪霊祓い，三角形は暑気払いの氷をイメージしているとされる。

④七夕

　もともと「たなばた」とは，棚機津女（たなばたつめ）の略である。日本古来の厄払いの行事と中国の裁縫上達を願う行事とが混合して現在の形に近づいた。周知のとおり，牽牛星（ひこぼし）と織女星（おりひめ）が銀河をはさんで会う日とされている。

　短冊に願い事を書いて笹竹につるすが，本来は7月15日であったお盆の行事の一環であり，7日の夜に願い事とともに，笹竹は川や海に流していた。

⑤二百十日

　立春から数えて210日目であり，9月1日頃。稲の開花時期にあたりながら，

台風などに警戒すべき季節でもあるため，仕事を休んで風鎮めの祭が行なわれていた。これに関連するという説があるものとして有名なのは，9月1日から3日間行なわれる越中八尾の「おわら風の盆」である。

⑥ふいご祭

　旧暦11月8日に，鍛冶屋，石屋，鋳物師など，ふいごを使う人が行なっていた年中行事である。ふいごの火を落として注連縄を張り，赤飯や餅をお供えしていた。昔，鍛冶が刀を打っていた際に，稲荷の神が出現して相槌してくれたという話から，稲荷神社との関係も指摘される。

　なお，最近では11月8日を「いいは」と読み，刃物の日ともいわれる。

（3）特定の寺社・地域で開催されるまつり

①二月堂御水取り

　3月12日，東大寺の二月堂で開催される。752（天平勝宝4）年にはじまったとされる。夜に鐘の合図とともに大きな籠松明が本堂の回廊で振り回される。この火を浴びると災厄が取り除かれると伝えられる。本来は修行の一環であり，荒行や難行が深夜まで行なわれる。日付が変わった午前2時に，堂前の若狭井の水を汲んで加持をし，香水として本尊に備えるのが名称の由来である。奈良の人にとっての，春の訪れを告げる行事でもある。

②高山祭

　4月14日に岐阜県の高山市で開催される，産土神である日枝神社の山王祭である。各町内が繰り出す山車が名物である。京都の祇園祭，秩父の夜祭とともに日本三大山車に数えられる。正式には，秋の八幡神社祭も合わせて高山祭という。

③葵祭・祇園祭・時代祭

　この3つを総称して京都三大祭りとされている。なお，葵祭と石清水祭，春日祭の3つで三勅祭ともいう。

京都の上賀茂神社，下鴨神社の祭であり，5月15日に行なわれるのが葵祭である。名称の由来は，葵の模様を社殿の御簾や牛車，参加者の衣裳に付けるためである。そのため，信心深い氏子は，断面が似ているからといって祭の前後はキュウリを決して口にはしない。

6世紀（中頃）の飢饉の際に，原因が賀茂神の祟りとされたので，それを鎮めるために開催されたのがはじまりという。

京都御所から平安時代の衣裳をまとった人々が牛車に乗って行列をなし，下鴨神社で祭式をしたのち，上賀茂神社に行く。この間，平安時代の風俗で行列をする点が見所となっている。なお，この行列の前半列である「本列」（勅使列）には天皇の代理である「勅使代」が，後半の「女人列」には神社に仕えるために皇室から差し出された内親王や女王である「斎王」の代理である「斎王代」がいる。

祇園祭は，7月1日から1カ月間にわたり執り行なわれる，京都の八坂神社の祭礼である。祇園信仰はもともと，牛頭天皇に対する信仰であり，牛頭天皇は八坂神社の前身である祇園社にも祀られた（神仏分離の影響後，現在は同体とされる素戔嗚尊が祭神とされる）。疫病を怨霊の祟りと考えて，これをなだめる御霊会として開催されるようになったのがはじまりである（第2章も参照）。

7月1日の「吉符入り」から29日の「奉告祭」まで祭は続くが，16日の「宵山」と17日の「山鉾巡行」，「神幸祭」が有名である。各町で出される山鉾のうち「長刀鉾」には稚児が乗る。長刀鉾町内から稚児が選ばれるのが伝統であるため，祭の前に形式的に町内の代表と養子縁組をする。そして，7月1日の「吉符入り」後の「お千度」という儀式以降，多くの儀式に伝統を継承する形で参加する。実際，7月13日の「稚児社参」以降は神の使いとされ，食事の用意などには女手を借りず，別火で作った食事をする。また，地面を歩かないことになっているために，少なくとも公式行事の際には人前で絶対に地上を歩かないなど，数々の決まりを守る必要がある。

時代祭は1895（明治28）年に平安神宮が創建された年からはじまっている。祭神の桓武天皇と孝明天皇の二柱の御霊が，御所から街の繁栄を見つつお供を従えて神宮へ行くというコンセプトで，10月22日に開催される。平安時代から

第4章　日本の公的なセレモニーとイベント　*91*

明治に至る風俗絵巻の時代行列が連ねられる。

④博多どんたく・博多祇園山笠

　博多どんたくは，5月3日，4日に福岡市で開催されるまつりである。起源については諸説あるが，有力なのは，もともとは「博多松囃子（はかたまつばやし）」とも呼ばれ，江戸時代に年頭の祝言を述べるために領主や富豪の屋敷に松囃子を仕立てて行ったことがはじまりという。200万人以上の来訪者がいる。

　一方，博多祇園山笠は，素戔嗚尊が祀られる櫛田神社の祭として開催される。そのため，京都の祇園祭と同様，山笠が名物となっている。祭そのものは700年以上の歴史を誇っているとされる。

　6月から少しずつ祭の準備が行なわれて，7月15日の追い山と呼ばれる山笠のレースがクライマックスとなる。

⑤神田祭・三社祭・山王祭

　この3つは江戸の三大祭を構成している。

　神田祭は，5月15日に平将門が祭られていることで有名な神田明神で1年おきに開催される。起源は不明だが，江戸時代以降に大祭となったとされる。当初は山車が名物の祭であったが，200基以上の神輿が108町を練り歩くのが壮観である。

　三社祭は5月18日に浅草神社で開催される例大祭である。江戸時代までは浅草寺と一体であった浅草神社は，以下のような由緒を持つ。628（推古36）年に漁師の浜成，武成兄弟が，隅田川で漁をしていたところ観音像が網にかかった。そして，当時の文化人であった真中知に見せたところ，観世音菩薩の仏像であることが分かった。やがて，真中知，浜成，武成の三人をまつる三社権現社として創建され，明治に三社明神社となった。そのため，この三柱の御神霊を遷した三基の神輿が街に繰り出す。

　山王祭は6月中旬に山王権現日枝神社で1年おきに開催される。1681年からは神田祭と一年交替で開催されている。神田祭と同様，みこしの行列が中心である。

⑥相馬野馬追

　福島県相馬市を中心とする福島県浜通り北部にある中村神社，小高神社，太田神社（妙見三社）が合同して7月23日から25日かけて開催されてきた。相馬藩の始祖である平将門の時代に，原野に馬を放し，これを武士たちが駆け回って捕らえたのが発祥である。のちに相馬藩の練武や調馬のための年中行事となった。

　鎌倉時代以前に起源を持つという説もあるほど古くからの行事である。妙見三社の神事であり，君主の行列という性格も帯びるため，上から見下ろしてはいけないとされている。そのため，この行事の際には歩道橋が封鎖されたり，近隣の民家でも2階からの見物は自粛されたりしてきた。

　東日本大震災と東京電力福島第一原子力発電所事故の影響を受けて，2011年からは神事とまつりが切り離されるなど，流動的になっている。

⑦ねぶた・ねぷた

　8月1日から7日まで行なわれる祭で，弘前では「ねぷた」，青森では「ねぶた」という。飾り物を川や海に流すお盆の行事が大型化したと推測される。弘前では紙で作られた大きな扇に武者絵などを描いたものをかついで連日練り歩き，7日に岩木川に流し，青森では大きな張りぼての人形を組み立て，7日に海に流す。

⑧阿波おどり

　8月12日から15日にかけて徳島市周辺で行なわれる盆踊りである。起源は明らかではなく，藩祖蜂須賀家政が徳島城を築いた際に，祝いの酒に酔った町民たちが踊ったとも，念仏踊りの流れを汲むともいわれる。現在は，日本全国に「阿波踊り／阿波おどり」の名称が広まるに至っている。

　2018（平成30）年には，それまで主催してきた徳島市観光協会が赤字続きにより破綻となり，徳島市が「阿波おどり実行委員会」を新たに組織して開催したが，関係者との調整に難航して混乱が生じた。この事例は，わが国における「まつり」を取り巻く主体間関係が非常に複雑になっていることを示す好例で

第4章　日本の公的なセレモニーとイベント　　*93*

ある。

⑨五山送り火

　8月16日に京都で行なわれるお盆の行事である。大文字山の中腹に「大」の字に火を燃やす。弘法大師との関係が指摘されるなど由来は諸説あるが，はっきりしていない。いずれにせよ，お盆のあとに帰る霊を送るものである。

　大文字山（如意ヶ岳）の「大文字」のほかに，大北山の「左大文字」，松ヶ崎の「妙法」（妙と法それぞれ），西賀茂・船山の「舟形」，嵯峨曼荼羅山の「鳥居型」の5山でほぼ同時（5分ごとに点火）に行なわれている。

⑩流鏑馬

　各地で行なわれているが，有名なのは9月16日に鎌倉の鶴岡八幡宮で行なわれるものである。明治の神仏分離により，それまで行なわれてきた「放生会」とともに，流鏑馬が奉納されるようになった。走る馬を操りながら鏑矢で3つの的を射るという高度な技術が必要とされるもので，鶴岡八幡宮では「弓馬術礼法小笠原流」が伝統をつないでいる。

⑪酉の市

　11月の酉の日に各地の鷲神社／大鳥神社で行なわれる祭のことである。商売繁盛につながるとされる縁起物を飾った「縁起熊手」を商売人が買うことで有名となっている。

⑫神嘗祭（かんなめさい）・新嘗祭（にいなめさい）

　神嘗祭は，10月17日，その年に収穫された新穀を天照大神に捧げて感謝するという宮中・伊勢神宮の祭である。

　また，新嘗祭は，11月23日に，天皇がその年に収穫された新穀を天神地祇に進め，また自らもこれを食べて，収穫を感謝する儀式である。即位後最初の新嘗祭を大嘗祭（だいじょうさい）という。詳しくは，本章第1節も参照されたい。

（4）まつりに関連するその他の要素

縁日は，神仏とのご縁を結ぶ日，というのがもともとの考え方である。社寺は特定の日を縁日としており，その日に参詣すると特別な功徳があるとされた。そのため，その日には参詣者も多くなるため，露天商が出るようになった。毎月20日といった定め方だけでなく，毎月8日，18日，28日といったケースもある。

一方，寺社に祈願する場合，あるいは祈願した願いが叶った際の謝礼として，しばしば絵馬が奉納される。神様は馬で移動すると信じられていたことから，かつては生きた馬を神社や寺に奉納していたが，その代わりとして用いられるようになったのが由来である。

歴史のあるまつりの多くは，途中で中止させられたり，中止せざるをえなくなったりしたことがあるが，それでもまつりを求める民衆の声により復活したものが多い。これらは，民衆が抱える不安をおさめるには，まつりが欠かせないものであるということと，非日常を希求する人間の性質を示していると考えられる。

そして，わが国は四季があるため，その変化をなんらかの形で区切るためにも，こうしたまつりが用いられていることが理解できる。その四季の背後には，当然さまざまな「神」もいることから，自然との関係，その背後にいる神との関係がまつりの原動力となり，まつりにかかわるその他の主体との多様な関係にもつながっていくことになる。

4. イベント

（1）スポーツ・イベントと文化的イベント

第3章で論じた世界のイベントが日本で開催されるケース以外にも，わが国ではさまざまなイベントが開催される。

スポーツ・イベントについて，興味深い研究がある。間宮・野川編（2010）によれば，日本のスポーツ・イベント市場は，

　　・ライブ・マーケット　　：主催者と観客，スポンサーなどとの取引で創

第 4 章　日本の公的なセレモニーとイベント　　*95*

　　　　　　　　　　　　　　　　　　出される市場
・メディア・マーケット　　：メディアを通じて視聴者に提供される際に創
　　　　　　　　　　　　　　　出される市場
・イフェクト・マーケット：観戦のための交通費，新聞・雑誌類の購入費
　　　　　　　　　　　　　　　などによって構成される市場
・フリンジ・マーケット　　：肖像権やキャラクターなど，権利の多様化に
　　　　　　　　　　　　　　　よって創出される市場

の 4 つで構成され，1997年には合わせて約 5 兆 5 千億円程度の規模があったという。そのうち，ライブ・マーケットがその約 4 分の 3 の約 4 兆 2 千億円程度を占めていた。あとは，メディア・マーケットが約1,600億円，イフェクト・マーケットが約 1 兆700億円，フリンジ・マーケットが 1 千億円弱，となっている。

　一方，シェアの大きい種目は，競馬（40%），競艇（16.4%），競輪（12.9%），野球（9.6%），サッカー（5.9%），ゴルフ（3.1%），オートレース（2.3%），モータースポーツ（1.9%），相撲（1.5%），プロレス（1.4%）であった。ここから，公営競技を除くと，プロ野球が約5,200億円，J リーグが約3,000億円，プロゴルフが約1,700億円の順になっている（以上，間宮・野川編（2010），pp.12-17）。

　このように，スポーツ・イベントの場合には試合の観戦客から得られる売上以外に，テレビを中心とした視聴によって生じる売上，スポンサー料，写真やキャラクター・グッズの販売など，さまざまな収入が生じることになる。なお，このような人気のスポーツになるには，第 3 章で論じたような世界的な大会で勝つことが近道となる。

　音楽イベントとしては，アーティストごとのコンサートやライブ以外にも，第 1 章で述べたような複数のアーティストによる「夏フェス」などが最近大きな動員を実現している。第 1 章の数字を再掲すると，JOIN ALIVE 2016（北海道岩見沢市）が約 3 万 6 千人（ 2 日間），FUJI ROCK FESTIVAL'16（新潟県苗場スキー場）が約12万 5 千人（ 3 日間），SUMMER SONIC 2016（東京

会場と大阪会場）が約20万人弱（2日間）となっている。

　単一のアーティストによる動員に関しては，Live Fans による2017年度の年間推定動員ランキングによると，1位が「三代目 J Soul Brothers from EXILE TRIBE」で180万人，2位が「BIGBANG」で107万人，3位が「関ジャニ∞」で98万人，4位が「嵐」で84万人となっている。単一のアーティストによる一回のライブでの動員数としては，1999年に「GLAY」が幕張メッセで20万人，「LUNA SEA」が東京ビッグサイトで10万人，1986年に「THE ALFEE」が旧東京湾13号埋立地で10万人という記録がある。

（2）地域イベント

　前節で述べたような神事としてのまつりとは関係のない「まつり」も全国各地で開催されている。麻布十番納涼祭りは麻布十番商店街振興組合が主催している。かつては8月中旬の3日間開催していたが，現在では2日間の開催となっている。これは，屋台の出店が中心である。

　盆踊りも各地で開催されているが，首都圏では高円寺阿波おどりや日比谷公園丸の内音頭大盆踊り大会，みなとみらい大盆踊りといった大規模な盆踊りが今でも開催されている。時期的には前章で言及した浅草サンバカーニバルも8月下旬に開催される。

　また，七夕では8月7日を中心に3日間開催される仙台七夕まつりと，7月7日前後に開催される湘南ひらつか七夕まつりが大勢の観光客を集めている。

　そして，夏の風物詩となっているのが花火大会である。首都圏で有名なのは江戸時代の伝統を復活させた「隅田川花火大会」であろうが，全国的にみると，全国花火競技大会・大曲の花火（8月第4土曜日），土浦全国花火競技大会（10月第1土曜日），長岡まつり大花火大会（8月2日3日），諏訪湖祭湖上花火大会（8月15日）などの評価が高いようである。いずれも100万人前後が来訪する。

（徳江順一郎）

参考文献

泉谷玄作（2010），『日本の花火はなぜ世界一なのか？』講談社.

河合敦（2016），『河合敦の歴史講座　祭りの日本史』洋泉社.

新谷尚紀（2007），『日本人の春夏秋冬──季節の行事と祝いごと』小学館.

真野俊和（2001），『日本の祭りを読み解く』吉川弘文館.

高橋紘・所功（2018），『皇位継承　増補改訂版』文藝春秋.

土屋書店編集部編（2014），『三六五日を豊かに。暮らしに役立つ冠婚葬祭・年中行事』土
　　屋書店.

松村和則編（2007），『増訂版　メガ・スポーツイベントの社会学』南窓社.

間宮聰夫・野川春夫編（2010），『スポーツイベントのマーケティング』市村出版.

第5章 日本の私的なセレモニー

1. 人間の一生におけるセレモニー

（1）日本における成長にともなうセレモニー

人間の一生における儀礼は，

- ・誕生儀礼
- ・成長儀礼
- ・成人儀礼
- ・婚礼儀礼
- ・長寿儀礼
- ・死の儀礼

に大別される（谷口・板橋編著（2014），p. 2）。いずれも，ヘネップがいうところの通過儀礼を構成している。

　本節では，この流れにしたがって，わが国におけるセレモニーと，それに付随する儀式も含めて解説する。

（2）誕生にともなうセレモニー

　人間が誕生するということは，古今東西変わらぬ一大事である。そのため，関連するセレモニーはさまざまなものが執り行なわれてきた。特に，かつては新生児死亡率が高かった状況で，子供のすこやかな成長を願う気持ちが数々のセレモニーには込められているのが強く感じられる。

第5章　日本の私的なセレモニー　99

　現代では死亡率が劇的に下がってはいるが，子供を想う親の気持ちは変わりがない。そのため，昔からのセレモニーの多くは，いまだに実施されている。

①安産祈願

　出産に際して，妊婦と新生児の安全を守る神を産神といい，山の神や箒神，便所神，道祖神など，日本では地方ごとにさまざまな産神がいる。妊婦は妊娠五カ月目の戌の日に妊娠を産神に報告し，安産を祈願して，腹帯を巻くことで安産を願う。犬のお産が軽くて丈夫な子を産むということから，一般にお参りは戌の日がいいとされている。

　東京では日本橋蛎殻町の水天宮が有名である。もともとは久留米の水天宮が総本宮であるが，1818（文政元）年に第9代の久留米藩主であった有馬頼徳が，三田にあった久留米藩上屋敷に分霊を勧請したのがはじまりとなる。明治初期に2度の移転を経て現在地に遷っている。

　安産を願って妊婦が腹に巻く腹帯（岩田帯，斎肌帯）は，嫁の実家や子宝に恵まれている家，あるいは仲人から贈られることも多かったが，近年では安産祈願の神社から受けてくることが多い。

②産着

　産まれた子に初めて着せる袖のある着物のことである。男子は左の袖から，女子は右の袖から手を通すのが古来のしきたりとなっている。

③お七夜

　子供が産まれた当日を初夜とし，かつては奇数夜ごとにお祝いをしていたが，江戸時代頃からは七夜がお祝いとなった。親族や知人が集まりお祝いをするのが一般であり，この日に命名をして名前を披露することになる。この命名書は一カ月間前後，神棚または枕元に飾っておく。

　現代のお産では，産後ちょうど一週間前後で退院することから，その祝いも兼ねることもある。

④初宮参り

　産まれた子供が初めて氏神様や産神様にお参りする初宮参りは，氏神に氏子として認めてもらうと同時に，村の一員として承認されるための儀礼でもあった。鎌倉時代頃からはじまったとされる。

　今では，地域の一員として，といった意味は希薄になっており，いわゆる「お礼参り」と報告を兼ねるように解釈されている。男児が生後32日目，女児が33日目というところが多いようであるが，地域によって七夜から100日目まで，かなり幅が広い。

⑤百日祝い・お食い初め

　子供の生後100日目は「百日（ももか）」と称して，前後の時期に「お食い初め」をする。嫁の生家が買い揃えるのが通例であるが，最近はあまりこだわられなくなった。赤飯か白飯を炊き，尾頭付きの魚を添え，親戚を招いて，中から「養い親」を選び，飯粒を子供に食べさせる真似をしてもらう。

　食事の膳は，男児は朱塗り，女児は内側が朱塗りで外側が黒塗りの椀と皿を新調し，柳の箸を用いるのが正式とされる。尾頭付きの魚は地域によってさまざまであるが，子供の頭が固くなることを願い，カナガシラや鯛などが用いられる。

（3）成長にともなう儀礼

①七五三

　3歳，5歳，7歳の歳に，村の氏神に参詣したり，子供に晴れ着を着せて祝ったりするのが「七五三」である。もともと中世に武士や貴族の間で行なわれていた，男女3歳の髪置き，男子5歳の袴着，そして女子7歳の帯解き（帯直し）などという歳祝いが，江戸時代になって民間にも普及し，若干形式を変えながら民俗として定着していったものと考えられている。それぞれの内容は，以下のとおりである。

　　・3歳の髪置き

：男子はそれまで頭髪を頭の中央と首筋にだけ残してすべてを剃り落
　　　　としていたのが，この機会から髪を伸ばしはじめ，女子はそれまで
　　　　おかっぱであったものを，この機会から結い髪に改めるという慣習
　・5歳で袴着
　　　：子供に初めて袴をはかせる儀式
　・7歳で帯解き・帯直し
　　　：初めて付紐のない着物を着せて，帯を締めさせる儀礼
　（以上，八木（2001），pp.29-30）

　日取りは，陰陽道における最大の吉日の一つが11月15日であり，徳川綱吉の子である徳松の祝儀が行なわれたりしたことでこの時期に定着した。

　千歳飴がつきものであるが，長生きできるように細長くなっており，縁起が良いとされる紅白の色で着色されている。

　なお，かつては「七つ前は神の内」といわれ，必ずしも「一人前の人間」としての扱いではなかった。この儀礼を経て，子供ではあるが人間になる，という側面もあった。

②二分の一成人式

　これは近年急速に増加してきたセレモニーである。しかし，特に宗教的な式がなされるというわけではなく，学校を中心に実施されるイベントとしての位置づけが大きいようである。学校が主催するという点は，次項の成人式と似ている側面もある。

（4）成人式：冠の意味

　ラ・フォンテインは人間の成長過程における通過儀礼のうち，大人になる儀礼を「成熟儀礼」とし，子供から大人への変化を根源的に示すものであるとしている（綾部訳（2006），第6章「男性と女性」，pp.155-187）。いわば，子供という存在から大人という存在への，一大変化の儀礼ということになる。

　その変化を示すための儀礼として，世界各国にはさまざまなものがあった。

昔の日本では，中国の影響で，大人になると冠をかぶるようになることから冠こそが成人を示すものとなった。今でもセレモニーの代表格は冠婚葬祭とされるが，この4つのうち最初が成人ということになり，人間にとって，きわめて重要な「変化」であると考えることができるだろう。

　ただし，近年のわが国における成人式は，そのほとんどが市区町村を軸とした各自治体主催によるものであり，いわゆるセレモニーではなく，あくまでイベントとなっている。また，高卒の新入社員を受け入れることの多い一部の企業では企業主催で行なわれるが，数は少ない。

　成人式の多くは，各自治体が主体となり，成人を迎える新成人を一同に集めて開催される。そこで，市長などの祝辞を受けるのが通例である。そうした中で，「お仕着せの成人式」として批判されたり，暴れる参列者が出現して大荒れになったりするのが毎年の恒例行事のようになって，この時期のマスコミを賑わせている。

　実際，少し古い調査となるが，2004（平成16）年に横浜市が実施した「これからの「成人の日」記念行事のあり方について」と題した提言では，成人式に関してのアンケートが実施された。そこでの「成人式のイメージについて」の回答は，

　　「新成人が，大人になったことを自覚するための行事」：37.1%
　　「新成人を祝い励ますための行事」　　　　　　　　　：20.2%
　　「スーツや晴れ着を着て，新成人が一堂に会する行事」：15.9%
　　「友達同士が再会する『同窓会』のような行事」　　　：15.6%
　　「新成人が集まって，騒いでいるだけの行事」　　　　：　7.2%

といったとらえ方をされており，一応は「大人になったことを自覚」する行事と考えている人がもっとも多いが，一方で「同窓会」あるいは「騒いでいるだけ」といったとらえられ方も，合計で2割以上を占めている。

　最近は，晴れ着のレンタル業者がお金だけ受け取って倒産するといった事件まで起きている。

　こうしたことから，少なくともわが国において，現状の「冠」は，あくまで

単なる「イベント」としての性格が強くなっており、とてもセレモニーとはいえなくなってきている。そのため、本書でも、「婚葬祭」については次章以降で一章ずつ詳細を論じていくが、成人式については特に深くは掘り下げない。

（5）婚礼にともなう儀礼

①わが国における婚礼儀礼

わが国の婚礼儀礼は大きく挙式と披露宴に大別される。最近では、挙式はキリスト教式がもっとも多く、次いで人前式と神前式（神道式）が多い。

日本のブライダルにおける大きな特徴は、披露宴に大きな金額を投入することである。これはわが国における結婚は、「神」に認めてもらうものではなく、「周囲の人々」に認めてもらうことの方に重点を置いていることから生じていると考えられる。

また、これに関連して、もともと日本では、明治時代までいわゆる結婚式をしていなかったということも指摘しておきたい。開国にともなって生じるようになった諸外国との関係から、他国でも執り行なっている結婚式を、まずは皇室が挙行する必要に迫られ、それが一般に広まっていったという事実がある。

なお、最近は挙式や披露宴を開催しない、いわゆる「ナシ婚」も増えてきており、入籍するカップルの約半数がこれに該当するといわれている。

いずれも、第6章で詳述する。

②結婚記念日

そもそも結婚記念日をいつにするかが問題となる。ぐるなびウェディングの調査によると、入籍日としているのが6割弱、挙式日としているのが3割弱、入籍日と挙式日とが同じ日であるため、その日にしているというのが1割程度であった。[1]

挙式と同様に他国との関係による影響が大きく、明治27（1894）年に明治天皇が銀婚式を祝ったのが最初といわれる（土屋書店編集部（2014）、p.76）。最近は種類が増え、

1年目：紙婚式，2年目：綿婚式，3年目：皮婚式，

4年目：絹婚式，5年目：木婚式，6年目：鉄婚式，

7年目：銅婚式，8年目：青銅婚式，9年目：陶婚式，

10年目：錫婚式，15年目：水晶婚式，20年目：磁器婚式，

25年目：銀婚式，30年目：真珠婚式，35年目：翡翠婚式，

40年目：ルビー婚式，45年目：サファイア婚式，

50年目：金婚式，55年目：エメラルド婚式，

75年目：ダイヤモンド婚式

と続く。

　実際には，25年目の銀婚式と50年目の金婚式のみが行なわれることが多い。ただ，婚礼儀礼とは異なり，ごく近い親類縁者のみとともにお祝いをすることが一般的である。

（6）長寿にともなう儀礼

　年齢の節目ごとにさまざまな祝いごとが執り行なわれる。多くは家族内や親類縁者とともに祝うことになるが，一部では大勢の関係者とともに祝典を開催することもある。

　18歳〜20歳における成人後，年齢を数字で示すだけではなく，別の呼称が用いられることがある。中国の古典『論語』の一節からとられた，

15歳の「志学」，30歳の「而立」，40歳の「不惑」，

50歳の「知命」，60歳の「耳順」，70歳の「従心」

が，比較的使われることが多い。

　同様に，長生きの年齢についても，

60歳の「還暦」，70歳の「古希」，77歳の「喜寿」，

80歳の「傘寿」，88歳の「米寿」，90歳の「卒寿」，

99歳の「白寿」

などに名称がついており，それぞれお祝いをする。特に多く見受けられるのは60歳の還暦の祝いで，赤色の衣服を贈るのが慣例である。最近では，一部の自治体で還暦を第二の人生の出発として祝うための「還暦式」などが開催されるようになった。

　なお，あまり用いられないが，

　　　108歳を茶寿や不枠，111歳を皇寿や川寿，
　　　119歳を頑寿，121歳を昔寿

と称することもある。

（7）死にまつわる儀礼

　これについては，死そのものにかかわる儀礼と，死後の儀礼とに大別することができる。そして，「冠婚葬祭」では「葬」と「祭」とに一文字ずつあてられていることから，儀礼としての重要性がうかがえよう。

　葬は死にまつわる儀礼であり，祭は死後の儀礼，すなわち法事などのことを指す。それぞれ第7章と第8章で論じていく。

（8）その他の成長におけるセレモニー

①誕生日

　誰にも一番身近なセレモニーが誕生日であろう。幼い頃は家族と祝い，成長とともに友人知人や恋人と祝うようになっていく。

　誕生日にはしばしばケーキが用意され，誕生日を迎える人の年齢の数でロウソクが立てられる。最近は数字のロウソクも多い。そこに火を点し，Happy Birthday to You を歌い，歌い終わったところで主役である誕生日を迎える人が一気に吹き消すというのが定番の祝い方となる。あるいは，友人同士の場合には，さまざまなサプライズが仕掛けられることもある。なお，この Happy Birthday to You は，世界でもっとも歌われている歌としてギネスブックにも認定されている。

　食事会などの際に「誕生日席」という言葉が聞かれる。長方形のテーブルな

どで，短辺に1名が座る場合にこの表現が用いられる。いわゆる「主役席」のような位置づけである。これは，誕生日が身近な存在であることを示す好例ではないだろうか。

②厄払い

厄年に厄を落とす儀礼である。現在は一般的に，

　　男性の本厄が25歳，42歳，61歳，
　　女性の本厄が19歳，33歳，37歳

で，男性の42歳（死に），女性の33歳（散々）が大厄とされている。また，それぞれの前後1年ずつが前厄と後厄となる。

　なお，いずれも数え年で計算し，節分で年変わりとなることに注意が必要である。そのため，厄払いをするためには，前厄の年の節分以降にお祓いを受けて，後厄が終わったあとでお礼参りをするのが正式である。

　厄年とされる年齢がいずれも，多くの人が肉体的，精神的に大きく変化する時期であるのが興味深い。

2.　家におけるセレモニー

（1）年中行事

　日本には四季がある。そのため，日本の家庭でもさまざまな年中行事が行なわれてきた。最近はめっきり行なわれなくなったものも多いが，逆に新しい風習が追加されたものも存在する。なお，一部は第4章で論じた公的なセレモニーとも重複する。

①正月・鏡開き・小正月

　正月はそもそも1月の別称である。1日が元旦，3日までが三が日，7日までが松の内，15日前後を小正月といい，さまざまな行事が行なわれてきた。

　元旦には年神様が家を訪れることから，注連縄や注連飾り，門松を飾り，家

第 5 章　日本の私的なセレモニー　　*107*

に結界を張る。そうすることで，家内を神聖な空間とするのである。

　食事は一般に「おせち料理」となるが，これにも多くの謂れが存在する。そもそも，通常は重箱を使うが，これは「福を重ねる」につながるからである。

　一番上の「一の重」には祝い肴を詰める。数の子は子宝，田作りは鰯が畑の肥料だったことから豊作祈願，黒豆はマメに暮らせるようにといったように，めでたいことにかけている。なお，この 3 つは正月に欠かせない「三つ肴」といわれる。他にも，紅白のかまぼこ，よろ「こぶ」にかけて昆布巻，長老喜と当て字をしたチョロギなどが入る。

　一般に「二の重」は焼き物，「参の重」は煮物で，出世魚のブリやめでたいにかけて鯛，腰が曲がるまで長生きできるようにと海老，将来の見通しがきくレンコン，子芋がたくさんつく里芋などが定番となる。

　なお，四段目を「与の重」と書くが，これは「死」を避けるためである。ここには酢の物や和え物が入る。五の重もある場合には，福が入る場所としてあけておくこともある。

　箸も祝い箸を用いる。両方の先端に向かって細くなる両口箸が用いられるが，これは片方を神様，もう片方を自分が使うという神人共食を意味している。長さは八寸で末広がりを象徴し，形から米俵の連想にもつながる。

　松の内が明ける 7 日には「七草粥」を食べる。ここには，

　　芹（せり），薺（なずな），御形（ごぎょう），繁縷（はこべら），
　　仏の座（ほとけのざ），菘（すずな），蘿蔔（すずしろ）

の「春の七草」が入れられる。ここでの菘とはカブのこと，蘿蔔とは大根のことであり，この 2 つを中心として，七草の内容には他の説もある。また，15 日に食べるという説もあり，その場合には七草ではなく「七種」と書いて「ななくさ」と読んでいたという。なお，「秋の七草」については後述する。

　鏡開きは，お供えしていた鏡餅を 1 月11日にお汁粉などにして食べる習慣のことである。また，小正月は，1 月15日を中心とした正月行事である。旧暦で 1 月15日を 1 年の最初の日としたことから，この日の前後に行事が多い。

②節分

　本来は季節の節目，すなわち立春，立夏，立秋，立冬の前日のことであるが，旧暦では立春を正月としていたため，大晦日にあたる立春の前日を特に重要な日とした。豆まきが行なわれることが多いが，これはもともと，中国で時節の変わり目に邪気を払うために行なわれた「追儺（ついな）」や「鬼遣（おにやらい）」の儀式が奈良時代に日本に伝わり，南北朝時代の頃に豆を使うようになったという。

　最近は恵方巻きがブームになっているが，これはもとをたどると江戸時代末期に大阪ではじまった風習である。恵方すなわちその年の縁起の良い方角に向かって，七福神にちなんだ7種類の具を入れた太巻きを，あくまでかぶりついて食べる，というものであった。スーパーマーケットやコンビニエンスストアにおけるセールス・プロモーションとの親和性が高く，2010年代に入ってから急速に広まった。

③上巳の節句（3月3日・ひな祭り）

　古代の中国で，紙などで作った「人型（ひとがた）」で身体を撫でて身の穢れや禍を移行させ，川に流すといった行事があったが，これが日本で子供たちの人形遊びと混交し，室町時代頃から簡素な紙製の雛人形が作られるようになった。やがて江戸時代末頃には現在のような形式となった。ただし，地方ごとの特徴があったが，明治以降は全国的に統一されてきつつある。

　立春が過ぎた2月5日過ぎ頃から飾り，3月3日が終わったら，なるべく早くしまうのがよいとされる。そうでないと「嫁に行き遅れる」ともいわれる。

　ハマグリのお吸い物をいただくことが多いが，これは，ハマグリの貝殻は決して他の貝殻と合うことがないため，夫婦和合の象徴として縁起をかつぐ意味がある。なお，平安時代にはハマグリの貝殻に美しい絵を描いた貝合わせ／貝覆いという遊びがはやっていたことも伏線となっている。

④春分・春彼岸

　毎年3月21日前後に春分の日がおとずれる。その日の前後3日間をあわせた

７日間を春彼岸といい，墓参りなどをする。それまでに仏壇やお墓の掃除をし，お供えとして牡丹餅を備える。春に咲く牡丹の花にちなんでこの名称がある。

⑤衣更え

　４月１日と10月１日が宮中の衣更えで，年中行事に数えられていた。江戸時代の幕府の規定では，４月１日から５月４日までと９月１日から８日までは「袷（あわせ）」，５月５日から８月末日までは「帷子（かたびら）」，９月９日から３月末日までは「綿入（わたいれ）」を用いることになっていた。今の日本では６月１日と10月１日が衣更えの目安となっている。

⑥八十八夜

　節分から数えて88日目の５月３日頃にあたる。春と夏の節分であるとされ，米の文字を分解すると八十八になることから，農家には特に大切な日となっている。

⑦端午の節句（５月５日・子供の日）

　この日に宮中で騎射の催しが開催されたりしたことから，５月５日が男子の祝いになった。

　江戸時代になると菖蒲湯，鯉のぼり，吹流し，武者人形の飾りなどが普及した。鯉のぼりは室町時代末期，この日に武士の家で家紋を染めた旗指物を飾る風習がはじまったが，これを江戸時代に町人が真似たものであるという。中国の故事「鯉の滝登り」にちなんでいる。また，吹流しの色である赤青黄白黒は五行を表していて，魔除けの意味がある。

　菖蒲や蓬は，香りが強いこともあり，邪気を祓う意味が込められることが多い。近年の日本では，しばしば夏至の日に菖蒲湯に入ったりしていた家もあるようだが，これは間違いである。意外だが夏至の日には全国的な行事のようなものは特にない。

⑧八朔

「朔日」とは 1 日のことであり，すなわち「八朔」とは 8 月 1 日のことを指している。昔は，その日に贈答をしあう風習があった。現在では 7 月15日頃に取り交わされる（お）中元の贈答に統合，あるいは移行した。

⑨十五夜・十三夜

旧暦の 8 月15日（現在の 9 月18日頃）の夜のことを「十五夜」といって，月を愛でる日とされた。旧暦の秋は 7 月， 8 月， 9 月で， 8 月は真ん中だったため，「仲秋」または「中秋」といった。

一方，旧暦の 9 月13日（現在の10月17日頃）の夜のことを「十三夜」といった。この日も十五夜と同様に名月を鑑賞する。関東など地域によっては，十五夜と十三夜は同じ場所で見るべきものとされ，別の場所で見ることは「片見月」といって，忌むものとされていた。

なお，月の明るい部分が変化することを月相という。 1 日目が新月で「朔」という。そのため，太陰暦の頃の 1 日が朔であり，前項の八朔につながる。 2 日目は「既朔（きさく）」 3 日目は「三日月」， 7 〜 8 日目は「上弦」，13日目が十三夜，14日目は「小望月（こもちづき）」または「幾望（きぼう）」，15日目の満月は「望（ぼう）」または「望月（もちづき）」，16日目は「十六夜（いざよい）」，17日目は「立待月（たちまちづき）」，18日目は「居待月（いまちづき）」，19日目は「寝待月（ねまちづき）」または「臥待月（ふしまちづき）」，20日目は「更待月（ふけまちづき）」，22日〜23日目は「下弦」，29日目または30日目が「晦（つごもり）」となる。

⑩重陽の節句

9 月 9 日で，江戸時代まではこの日から衣更えをして綿入を着るのが一般的だった。

⑪秋分・秋彼岸

9 月23日頃で，春彼岸と同様，前後 3 日ずつを含めて秋彼岸となる。春分と

同様に先祖を祭るが，牡丹餅ではなくおはぎを供える。これは，秋に花が咲く萩にちなんでいるからである。

なお，この萩を含むものが「秋の七草」であり，萩（はぎ），尾花（おばな），葛（くず），撫子（なでしこ），女郎花（おみなえし），藤袴（ふじばかま），桔梗（ききょう）となる。桔梗は朝顔（あさがお）との説もあり，尾花はススキのことである。春の七草とは異なり，なにかの行事に用いたりすることはない。山上憶良が万葉集の歌を詠んだことで広まったとされる。

写真5-1　海外ブランドのホテルでも行なわれる柚子湯
（中央やや右上に柚子が用意されている）
出典：著者撮影

⑫冬至

12月22日頃で，昼がもっとも短くなる日である。柚子湯に入ったり，カボチャの煮物を食べたりする。柚子湯は，江戸の銭湯から広まったという説が有力である。

（2）年中行事と成長にともなうセレモニーとの関係

こうした年中行事の多くは家が主体となって行なうが，実際には前節の成長にともなうセレモニーの多くも，神社や寺院，あるいは地域社会の手を借りつつ，家が主体的にかかわって執り行なうものも多い。逆に，年中行事の多くにも，なんらかの形で神社や寺院，そして地域社会がかかわっていた。その意味では，かつては成長儀礼と季節の行事とが毅然一体として開催されていたであろうことがうかがえる。

そこから推測すると，実際のさまざまなセレモニーは，家と宗教的主体，そして家と地域社会とが連携して，実現にこぎつけていたと考えられる。つまり，家が注文することでなにか他の主体がそれを受ける，という形のビジネスとして提供されていたのではなく，あくまでお互いの助け合いを基本として，さま

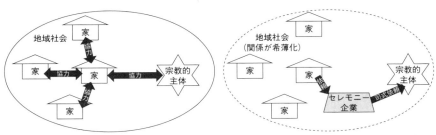

図5-1 かつてのセレモニーと地域社会
出典：著者作成

図5-2 最近のセレモニーと地域社会
出典：著者作成

ざまなセレモニーが実現していたとみることができる。その意味では，こうしたセレモニーの存在そのものが，その地域社会の結束を深める効果もあったといえよう。

その背後にあるのは，徳江（2018）における「相互信頼関係」の考え方である。なにがしかを実現すべく，それを「注文」するというスタイルではなく，あくまでお互いの信頼関係のもとで，共通の目標を実現することに主眼が置かれる考え方があったということになる。

すなわち，家のために宗教的主体，地域社会が連携して協力しあいながらセレモニーを執り行なう一方で，セレモニーがあるからこそ地域社会も存続するという「相互依存的関係」があったと考えられる（図5-1）。

最近は，こうした家と地域社会のつながりや，家と宗教的主体との関係が希薄になり，その分をセレモニー関連産業が対応しているという状況である（図5-2）。すなわち，徳江（2018）でいうところの「安心保障関係」が前提となる関係性でセレモニーが成り立つようになってきているといえる。これが，金額面での不明瞭さや，そこから生じるクレーマーの存在にまでつながっていっていると考えられよう。

次章以降では，この点も踏まえつつ「婚葬祭」の各産業について検討する。

（徳江順一郎）

■注

（1）ぐるなびウェディング How to : https://wedding.gnavi.co.jp/howto/42537/ （2018年6月30日アクセス）

■参考文献

La Fontaine, Jean Sybil（1986）, *Initiation*, Manchester University Press,（綾部真雄訳（2006）,『イニシエーション』弘文堂.）

新谷尚紀（2004）,『日本の「行事」と「食」のしきたり』青春出版社.

徳江順一郎（2018）,『ホスピタリティ・マネジメント　第2版』同文舘出版.

谷口貢・板橋春夫編著（2014）,『日本人の一生——通過儀礼の民俗学』八千代出版.

土屋書店編集部編（2014）,『三六五日を豊かに。暮らしに役立つ　冠婚葬祭・年中行事』土屋書店.

八木透（2001）,『日本の通過儀礼』佛教大学通信教育部.

第6章 ブライダルにおけるセレモニー

1. ブライダルにまつわるセレモニー

（1）わが国におけるブライダル・セレモニー

　意外に思われるかもしれないが，ブライダル産業は，諸外国では産業といえるほどの市場規模ではない。最近では，スリランカなど一部の国でホテルにおける結婚パーティーなどが開かれるようになってきたが，多くの国では日本のような盛大な「披露宴」を挙げることはあまりないことが主な要因である。

　他国に類を見ないほどのブライダル市場を形成しているわが国であるが，実はいわゆる「結婚式」が行なわれるようになったのは明治に入ってからである。それまでは，特に江戸時代の鎖国の期間を経て，わが国独自の文化的規範や価値観のもとで，結婚式は執り行なわれてこなかった。

　ただし，これがすなわち「結婚にともなう儀礼がなかった」というわけではない。「儀式」として定式化・定型化された「結婚式」はなかったが，結婚するための一連の儀礼は存在した。そこには「結婚」という主体間関係の変化そのものに対する儀式は存在せず，徐々に結婚したあとの状態へと移行する儀礼が執り行なわれていた，ということになる。

　こうした状況から一転して，なぜ結婚式も実施されるような状況になったかといえば，他国との関係がそのポイントになっている。諸外国との付き合いも重要な公務に含まれる皇族が結婚するに際して，他国で実施されている結婚式をする必要性が生じてきた。そのために，キリスト教式を模した形で神前式の結婚式が創造されるに至ったのである。

1900（明治33）年，皇太子嘉仁親王（後の大正天皇）の結婚の際には，他国の事例を踏まえつつ，この神前式の結婚式を挙げている。そして，これと同様の挙式を望む声が上がるようになったため，日比谷大神宮（現在の東京大神宮）がそれに応えて様式化を図り，一般に広まっていったとされる。

　このことからも分かるように，儀礼や儀式には，なにがしかの関係の変化が影響を及ぼしている可能性がある。それは，例えば結婚における新郎と新婦の関係のみならず，それを取り巻く多様な主体間関係も含んでいる。

　この点を踏まえつつ，本章では，ブライダルを取り巻く関係の変化を軸として，ブライダルにおけるセレモニーについて検討していく。

（2）婚約と結納

　結納とは本来「結いの物」であり，結婚する二家が婚姻関係を結ぶために共同で飲食する酒肴を意味しており，それを相手方に贈ることが「結納」であった。かつて，婿入り婚の時代においては，婿が嫁方に持って行って，嫁の両親と初めて正式に顔を合わせると婚姻が成立ということになっていた（婿入り婚については次節で詳述する）。この伝統が，嫁入り婚の時代になっても継承しているとみることができる。

　そのような背景もあり，正式な結納品は，以下の9品目となる。

　① 目録：結納品の品名と数を記したもの
　② 長熨斗（ながのし）：あわびで作った熨斗
　③ 金宝包（きんぽうづつみ）：結納金
　④ 松魚節（かつおぶし）：めでたい字をあてた鰹節
　⑤ 寿留女（するめ）：めでたい字をあてたスルメ
　⑥ 子生婦（こんぶ）：子宝にめぐまれるようにという意味が込められた昆布
　⑦ 友白髪（ともしらが）：夫婦ともに白髪になるまでという意味が込められた麻糸
　⑧ 末広（すえひろ）：末に広がるという縁起のある白扇

⑨ 家内喜多留（やなぎだる）：酒を入れる柳樽にめでたい字をあてたもので，現在は現金が多い

それぞれに意味がある名がつけられていることが理解できるだろう。この点は，前章で述べた正月のおせち料理にも通じる。

現在では，結納はすっかり減ってしまった。2017年度には，「結納と両家の顔合わせの両方」をしたカップルは7.6%，「結納のみ」だったカップルは3.5%，「両家の顔合わせのみ」が圧倒的に多く83.1%，「どちらもなし」が5.5%だった。ただし，結納については地域差がきわめて大きく，「結納と両家の顔合わせの両方」と「結納のみ」を合わせた割合は，青森・秋田・岩手では24.0%，宮城・山形では22.2%，福島では31.4%，長野・山梨では24.7%，四国では24,0%，九州では34,7%にも上るのに対し，北海道は7.0%，静岡7.6%，東海9.0%など，首都圏よりも少ない地域もある（以下，本章内の数値などは，いずれも『ゼクシィ結婚トレンド調査2017』より）。

写真6-1　キリスト教式で使用されるチャペル
（ウェスティンホテル仙台）

出典：特記以外，本章内の写真は著者撮影.

（3）挙式

現在の挙式は，首都圏の場合にはキリスト教式が6割弱，神前式と人前式が2割前後となっている。1990年代前半までは神前式が圧倒的だったが，1990年代後半にキリスト教式が増加して逆転した。キリスト教式はその後増加し続け，2000年代前半には8割近くにまでなり，神前式と人前式が1割強であった。

キリスト教式の挙式は，神父または牧師を通じて，イエス・キリストから祝福を受ける儀式という位置づけである。わが国ではキリスト教信者は限られるため，このようなスタイルとなっている。賛美歌を歌い，

第6章　ブライダルにおけるセレモニー　　117

新郎新婦が誓いの言葉を述べ，神からの祝福を受ける形となる。カトリックの場合には新郎新婦のいずれかが信者であることが基本となるが，事前の勉強会への出席などにより信者以外でも挙式できる。カトリックにおいて信者以外の挙式が認められているのは，実は世界中で日本だけである。

　神前式の挙式は，神様に対して報告をし，関係が続くことを祈るという形をとる。神前に向かって右側に新郎側，左側に新婦側の人が着席し，一般には，修祓（しゅばつ：お祓い），祝詞（のりと：神様に報告），三々九度の盃（大中小の杯で交互にお神酒をいただく），誓詞奉読・誓詞奏上（誓いの言葉），玉串奉奠・玉串拝礼，親子盃，親族盃といった流れが基本である。

　人前式は，宗教にはとらわれないため，多様なスタイルがある。誓いの言葉，指輪交換，結婚誓約書・婚姻届へのサインといった要素を盛り込むことが一般的である。

　また，件数は必ずしも多くないが，仏教式でも執り行なわれる。仏教式の挙式は，仏教における「因縁」の観念を重要視して，先祖の霊に感謝するという形を取る。念珠の授与と焼香が基本となる。

　興味深いのは，八木（2001）に，「婚姻儀礼と葬送儀礼とは，かなり共通性が見られるのが事実である」（p.132），「花嫁は生家を出て婚家へ入ることで『生まれかわる』と考えられていた」（p.134）といった記述があり，婚礼が花嫁の

写真6-2　神前式の挙式会場（名古屋観光ホテル）

死に等しいととらえられていた点である。これは，結婚して他家に嫁ぐということは，それ以前の人生を否定するほどのことであったということを意味してもいよう。

　最近は離婚の増加が話題に上ることが多い。しかし，それほどまでの覚悟を必要とした過去には，確かに離婚にまでは至りにくかったであろうことは想像に難くない。

　これは，他国での宗教と同じくらい，結婚に対しての「セレモニー性」が付加される大きな要因になったと考えられる。わが国ではセレモニーとしての「結婚式」がなかったとしても，その環境の変化はきわめて重いものととらえられていた一つの証ともいえるだろう。

（4）披露宴

　ここ数年，首都圏における招待客の人数の平均は，60人台後半から70人弱くらいで安定している。ただし，ボリュームゾーンは80人台と30人未満の2つの山があり，必ずしも60人台がもっとも多いというわけでもない。

　一方，詳しくは後述するが，結婚披露宴における組単価は，2000年代以降は上昇傾向にある。これは，さまざまな演出が行なわれるようになったことがその大きな要因となっている。そして，その演出の内容も，招待客それぞれに対しての個別性が高くなってきている点もポイントである。

　最近の披露宴における演出の上位は，

- ・生い立ち紹介などを映像演出で行なう
- ・ファーストバイト
- ・花嫁の手紙を読む
- ・会場装花を持ち帰れるようにする
- ・BGM のジャンルを問わず好きな曲で選ぶ
- ・テーブルごとに写真撮影
- ・親に花束を贈呈する
- ・入退場の際，親・親族・知人にエスコートしてもらう

・招待客一人ひとりにメッセージを書く

・親に花束以外のものを贈呈する

といったものが挙がってきている。

　この中で，生い立ち紹介の映像には招待客も含めることが多くなり，また，テーブルごとの写真撮影，招待客一人ひとりへのメッセージなど，個別性が高いものになっている。かつての披露宴は，「招待客全体への披露」という側面が大きかったが，近年は「招待客それぞれとの関係」が意識されるようになってきているという点が大きな変化である。

　さらに，新郎新婦がウェディング・ケーキを食べさせあう「ファーストバイト」が，7割以上のカップルで実施されている点にも着目したい。この行為は，昔からの定番の儀式である「ケーキ入刀」に続く形で行なわれるが，合わせて披露宴の前段におけるクライマックスを形作っている。要は，わが国の披露宴における「セレモニー性」を象徴しているのがこのケーキ入刀とファーストバイトなのである。すなわち，この新郎新婦による「共食」を招待客に見てもらうことが，招待客からの一つの承認行為にもなっているといえる。なお，最近のケーキはイミテーションではなく，すべて食べられるものが製作されることも多い。これを「招待客とも共食」することで，やはりそこに新しい関係を意識することになるのである。

　披露宴で提供される料理は，フランス料理が6割弱で，最近はさまざまな料理のいわば「いいとこ取り」であるフュージョン系の料理も増えてきており，2割前後を占めている。9割以上がコース仕立ての料理であり，「同じものを共食する」という儀礼のポイントが押さえられていることが分かる。

　宴席も進むと，途中でお色直しが行なわれる。この起源は，新婦は神を祀る白い服で挙式に臨み，宴会の時には平素の色物の服に着替えたという説が有力である。あるいは，挙式後に婚家の色に染まる，という意味でもあったという。最近では単に雰囲気を変えるという意味でとらえられることも多い。実際，首都圏では7割前後の新婦が衣裳は2着を着用し，3着以上も含めると実に8割に達する。

披露宴が終わると，招待客には引出物が用意される。もともとは，武家の宴席において，来客への豪華な贈り物を持って帰ってもらうために，馬を「引き出して」積んで帰ってもらったことが由来である。少し前までは青竹の籠に海老と鯛，鰹節，菓子などを入れたものが多かったが，最近では記念品としての性格が強くなってきている。

引き出物は9割以上のカップルが用意しているが，非常に興味深いのは，最近は招待客によって中身が異なることが多くなってきている点である。実に8割以上が中身を変えて用意しているという。このことからは，披露宴でともに経験する「コト」については皆で一緒に，そしてお礼でありかつ思い出でもある「モノ」については一人ひとりに，といった傾向がうかがえる。

2. ブライダルの歴史

（1）江戸時代までのブライダル

ブライダルについて考察する前提として，わが国の結婚にまつわる流れをまとめておく。

平安時代には，婿が嫁の家に入る「婿入り婚」が主流であったが，鎌倉時代になると武士が力を持ちはじめ，母系型家族の形が崩れることになる。そして，室町時代には武士が社会の主流を形成するようになった結果，男系の家系が重視されるようになり，「嫁入り・嫁取り」婚が主流となった。

増田（2009）によれば，平安時代の貴族たちの婚姻儀礼が整備されたのは10世紀に入ってからであるという（p.99）。しかし，それが明示されている『江家次第』の内容には，男側からの求婚の手紙（歌）からはじまり，男が妻方を訪問し，その後に床入りする，といった流れが記述されているが（pp.102-103），儀式らしいものとしては，その後の「宴」のみである。これはまさにこんにちの「披露宴」に相当するものであり，必ずしも「結婚」のための「儀式」という側面は強くない（表6-1）。

なお，『江家次第』は大江匡房が書いたとされる全21巻の有職故実に関する書である。現在は第16巻と第21巻が欠巻となっており，全19巻が伝わっている。

第6章　ブライダルにおけるセレモニー　*121*

表6-1　平安期における婚姻儀礼の一例

（1）	求婚の手紙（歌）
（2）	最初の訪問（夜間） ・忍び姿で訪れ，正装の衣冠で帰る（婿になった象徴） ・劔や下重を置いておく（続けて通うという意思表示） ・三日目まで，男の脱いだ沓を女の両親が抱いて寝る（娘のもとから帰らないように） ・男方の松明の火を女方の家人の蠟燭に移す（女方の受入）→三日間消してはいけない
（3）	床入り（帳の設けられた客間にて）
（4）	三日の夜の餅（婿になったことを確認）：食器は銀（毒に触れると色が変わるから）
（5）	露顕（ところあらはし）：女方の用意した烏帽子・狩衣を着て帳から出て，女方の家族との顔合わせの宴
（6）	四日目以降，婿は暁に帰らなくてもよくなる
（7）	両家の親族が女方で披露宴

出典：増田（2009），pp.102-105. をもとに一部改変のうえ著者作成.

　第1巻から第11巻は年中慣例の朝議について，第12巻が臨時の神事について，第13巻が臨時の仏事について，第14巻から第17巻が臨時の朝議について，第18巻が政務について，第19巻が弓射・競馬と院中雑務について，第20巻が臣下の儀礼について，第21巻が崩御以下の凶事について書かれている。

　今井（2015）は，故実叢書編集部（1955）と高群（1963）を参考にしつつ，第20巻の「執婿事」の内容を非常に詳細にまとめている（pp.13-14）。これは**表6-1**のさらに詳しい解説となっている。

　この時代，すなわち平安時代の寝殿造とは，大広間を間仕切りで仕切るのが構造上の特徴である。一方，室町時代に開発されて広まるようになった書院造では，部屋ができることで，室内ごとの特性を生かした婚礼が執り行なわれるようになっていった。この婚礼には3日間もかけた例もあるという。

　その後は，この時代の「婿入り」から「嫁入り」に形が変化しつつも，このような一連の儀礼が続く状態が江戸時代まで続くことになる。つまり，逆にいえば，江戸時代に至る前から披露宴は幅広く行なわれていたようであるが，「結婚式」は挙行されず，一方でカップルを取り巻く独特のやり取りが存在するままで推移したということになる。

　そして，江戸時代になるとごく一部を除いて簡略化が進んでいく。それ以前

も近いものがあったが，江戸時代には「結婚」という概念そのものがなく，縁組と婚礼だけで現在の「結婚」に当たったとされる。

こうしたことの背景には，江戸時代の時代特性が挙げられる。武家の継承は男子が義務づけられていたため男児が必須だったが，商家は女子でも構わなかった。むしろ女子の方が，経営能力の高い男子を婿にとることができるため，いいという面もあったのである（菊池（2011），pp.61-65）。そして，このような状況もあり，いずれもいわゆる「事実婚」の状況を周囲に「披露」するという形があくまで主流であったという。ただし，庶民は，神仏と関係なく，知人や近所の人々に夫婦として認知してもらうことこそが「結婚」であった。これを「披露目（ひろめ）」と称した。

一方，江戸時代の離婚についてであるが，武士の場合には，幕府や藩へ夫婦両家から離婚届を提出するが，庶民の場合には正式な書類は必要なかったという。夫が「三行半（みくだりはん）」という離縁状を書けば，それで済んでしまったのである。この言葉は現代にも受け継がれ，「離婚」を意味する隠語にもなっている。この離縁状は，夫が妻かその父兄宛に書いて渡すのが決まりで，定型文が三行半だったため，その名称となったという（菊池（2011），p.169）。

現代と大きく異なっているのは，離婚は夫からしかできず，妻が離婚したい場合には鎌倉の東慶寺か上州の満徳寺に「駆け込んで」3年過ごす必要があったことである。「駆け込み寺」に3年いると正式に離婚することができた。ただし，5～6両の「扶持料」を寺に納める必要があり，その他さまざまな費用がかかった。

なお，蛇足ながら離婚の届出が法制化された1879（明治12）年の統計では，離婚した夫婦は結婚した男女の2分の1以上であった。東京府では，男6,339人，女8,667人が結婚した一方で，男3,406人，女4,203人が離婚しているという（菊池（2011），pp.172-173）。

（2）明治時代から第二次世界大戦までのブライダル

明治維新により開国をしたわが国にとって重要なことは，植民地獲得を進める諸外国に負けないような国を一刻も早く確立することであった。そのために

は，さまざまな価値基準や価値尺度を海外に合わせる必要があったが，ブライダルにかかわることもその例外ではなかった。すなわち，結婚を「神との契約」として厳粛なものととらえる文化を持つ他国との関係で，諸外国との付き合いも重要な公務に含まれる皇族が結婚するに際しては，他国で実施されている結婚式をする必要性が生じてきたのである。そのために，キリスト教式を模した形で神前式の結婚式が創造されるに至った。

　前述したように，1900（明治33）年に皇太子嘉仁親王（後の大正天皇）が結婚するに際し，他国の事例を踏まえつつ，新しく開発した神前式の挙式を行った。それにより，一般からも同様の挙式を望む声があがるようになったため，日比谷大神宮（現：東京大神宮）がそれに応えて様式化を図り，これがもとになって次第に一般でも行なわれるようになっていった。

　なお，仏前式のはじまりについては諸説ある。田澤・境（2004）では1887（明治20）年が最初であるとしている（p.94）。

　この皇太子の婚礼から一般へという流れは，100年経っても変わっていない。すなわち，有名人や著名人の結婚に，一般の人々は大きく影響されるということである。この点は次項で詳しく検討する。

　一方，この時代には写真の技術もわが国に導入され，結婚の記念に写真撮影をするようにもなっていった。これが，結婚写真のみならず，見合い写真などにも市場拡大がなされていく過程で，美容室などとの提携も広がり，ブライダル関連市場が形成されるに至っている。

　このことは，この時代から既に，ブライダル産業が挙式・披露宴会場と外部の取引業者との密接な関係によって成立してきたことを示していよう。第3節で論じる，ブライダル産業の構成に大きな影響を及ぼしている。

　ただし，こうした要因によって挙式が一気に増加したわけではない。それは，挙式のプロセスが古来のきわめて厳格な流儀に基づいたものであり，誰もが執り行なえるものではなかったからである。神前式の挙式が一般に広がったのは，皇室の挙式という要素のみならず，「永島式結婚式」と呼ばれる簡略化されたスタイルの普及が大きい。

　永島式結婚式とは，1908（明治41）年に，麻布で結納品調進商を営んでいた

永島藤三郎によって考案された。それまでのさまざまな流派による古来のしきたりを重んじた結婚のスタイルや，神社から神様を分祀して行なわれる本格的な結婚式とは異なり，それ以前に執り行なわれていた結婚式のエッセンスを凝縮して簡素化したものである。現代でも神前式で行なわれる挙式は，この永島式が下敷きとなっている。

永島式結婚式の特徴としては，簡素化して一般にも受け入れられやすくした点がまず挙げられる。これにより，市場に受け入れられやすくなったことは間違いない。しかし，もう一つの点こそが重要である。挙式にともなう要素をパッケージ化し，それぞれの要素をその都度用意する形をとることで，さまざまな会場への出張を可能としたのである。固定的な祭壇ではなく，移動可能な祭壇を用意し，神職や巫女などの手配まで行なった。まさに，現代でいうところの「婚礼プロデュース」を行なっていたわけである。

この簡素化された神前式の挙式は急速に広まっていったが，その理由について山田（2014）では，ブランド化を図った点と，メディア戦略の成功，モデルの提示が挙げられている。まさにマーケティングの教科書どおりの展開が行なわれ，一般に受け入れられていったという流れが見えてくる。

一方，披露宴については，江戸時代までも既に行なわれていたため，明治以降も当然のごとく開かれていた。しかしながら，和食のみならず，フランス料理を中心とした西洋料理も，一部の上流階級を中心に広まっていったことが特筆される。

先に述べたように，わが国では西洋の（当時の）先進諸国とあらゆるものを揃えようと努めていた。そのため，明治以降は宮中での正餐もフランス料理となり，これは今に至るまで変わらない。ただし，本格的なフランス料理を提供しうる施設はそう多くなかった。そのため，すぐに一般の宴における食事もフランス料理となったわけではないが，正餐として披露宴においてフランス料理を提供することは，一つのステイタスという側面も有していたようである。

その後は永島式結婚式のような挙式パッケージ，遠藤波津子のような美容室，森川写真館のような写真担当などが，各種の会館やホテルなどとともに，挙式から披露宴を一貫して提供するようになり，わが国独特のブライダル産業が完

成した。この産業の成長は昭和に入ると加速する。それまでの会館やホテルは，ブライダルがメインのビジネスというわけではなかったが，ブライダルを軸とした事業展開をするところが出現してきたからである。

1931（昭和6）年に，挙式・披露宴を一貫して行なえる専門の結婚式場としては，わが国初の存在である目黒雅叙園（現在のホテル雅叙園東京）が開業した。このことは，挙式・披露宴を中心としてビジネスを展開することができるほどに，この市場が拡大してきたということを示している。

また，1933（昭和8）年には公営の東京結婚相談所が開業している。これは，ブライダル市場の前提となる需要の創出に一役買うことになっていく。

ただし，その後は第二次世界大戦へと突入していき，ブライダルも暗黒の時代となる。

（3）戦後のブライダル

終戦を迎えると，ただちに結婚ラッシュがおとずれた。その需要増に応える形で，ブライダル業界もさまざまな新しい事業が展開されるようになっていった。

1946（昭和21）年に東條會舘，1947（昭和22）年に明治記念館が誕生する。後者は「総合結婚式場」という名称を初めてつけたといわれており，先に開業していた目黒雅叙園や東條會舘を含む，多くの同業者のモデルともなっていった。[2]

そして，1940年代から1960年代にかけては，「互助会」という組織が増えていく。これは，わが国に伝統的な相互扶助活動を組織化したものであり，戦後の混乱期であっても冠婚葬祭をきちんと行ないたいという思いを持った人たちに応えることになる。一定金額の積み立てを継続すると，一定期間後には（冠）婚も葬（祭）も執り行なうことができるというものである。この互助会が，1950年代以降，続々と直営の結婚式場を開業させていく。

そして，戦後の復興も成し遂げ，景気も拡大していくなか，ブライダルに対する支出も増えていくことになる。それを後押ししたのが，明治時代と同様，皇族，そして有名人の結婚であった。

1959（昭和34）年には。皇太子明仁親王（平成の天皇）と美智子妃の結婚が

執り行なわれた。皇居内賢所にて挙式をしたのち，パレードを仕立てて東宮仮御所まで向かったが，一連の流れがテレビで中継されたことにより，かつての皇族以上に一般への影響は大きかったといえよう。

翌1960（昭和35）年には，現在はザ・ペニンシュラ東京が建つ場所にあった日比谷の日活国際ホテルで，俳優の石原裕次郎と北原三枝が挙式・披露宴を行なった。大変な豪華さで大きな話題になったという。さらに，1971（昭和46）年には，歌手の橋幸夫が帝国ホテル内の神前結婚式場で挙式し，1,000人もが招待される大規模な披露宴が，同ホテルでも最大級の宴会場「孔雀の間」にて行なわれた。

この石原裕次郎，橋幸夫の挙式・披露宴は，芸能人の挙式・披露宴が一般に大きな影響を及ぼすことになったきっかけであるといえる。その後も有名人や芸能人によるブライダルは，現代に至るまで一般の挙式・披露宴に大きな影響を及ぼしている。少し歴史に沿って眺めてみよう。

1980（昭和55）年には，三浦友和と山口百恵が日本基督教団の霊南坂教会で挙式を行ない，教会での挙式が注目されるようになる。披露宴も東京プリンスホテルの鳳凰の間で，1,800人もが招待された。

1985（昭和60）年，神田正輝と松田聖子が，目黒のサレジオ教会で挙式した。披露宴はホテルニューオータニで，2億円もの費用をかけたと伝えられる。この放映権はテレビ朝日が獲得し，10時間もの特別番組で放送され，ゴールデンタイムの平均視聴率は34.9％を記録している。

この2組の挙式は，キリスト教式が大きく注目を集め，一般に広まっていくきっかけになったといえるだろう。特に，どちらもテレビで中継され，かつそれが驚異的な視聴率を上げたことによって，その影響はきわめて大きかったと考えられる。この流れは好景気に後押しされ，さらに続くことになる。

1987（昭和62）年，郷ひろみと二谷友里恵が結婚する。霊南坂教会と，シドニーのセントメリーズ教会で挙式を行なった。披露宴は新高輪プリンスホテル（現：グランドプリンスホテル新高輪）の飛天の間で開かれた。フジテレビが中継し，平均視聴率で47.6％，瞬間最大視聴率は58.5％にまで達した。

前の2組を含むこの3組の挙式・披露宴の流れは，いわゆる「ハデ婚」の流

行を呼び込むことになる。キリスト教式の挙式をしたあとで，白馬に乗って新郎新婦が登場したり，ゴンドラに乗って披露宴会場に降りてきたりといった登場の仕方や，数メートルもの高さのイミテーション・ケーキなどは，この時代の象徴である。

ただ，この「ハデ婚」は，昭和天皇の崩御とバブル崩壊により終わりを迎える。1995（平成 7）年の永瀬正敏と小泉今日子の結婚，唐沢寿明と山口智子の結婚，1997（平成 9）年の安室奈美恵の結婚などが，この「ジミ婚」への流れを加速する。1990年代のジミ婚時代が一つのきっかけとなり，「ナシ婚」と呼ばれる，挙式・披露宴をしないという人たちの増加につながった側面もある。

一方で，この時代にはブライダル専門雑誌も創刊され，ジミ婚の流れとともに，ブライダルに関する意思決定の主役が親たちからカップルへと移行する。つまり，それまでの「家と家」という公的な行事から，「 2 人のため」の私的なイベントへと変化していったのである。

1990年代の不況期以降，ホテルがブライダルに力を入れるようになり，同時にジミ婚に対応したレストラン・ウェディングも増加した。そして晩婚化が進んだ2000年代以降は，細やかなオーダーに応えうるゲストハウスという新業態が，ハウスウェディングというスタイルを導入するに至っている。

（4）ブライダルにおける変化からの示唆

さて，このように明治時代以後はわが国でも披露宴のみならず結婚式も執り行なわれるようになったわけであるが，他国と大きく異なる点が存在する。それは，宗教性の希薄さである。確かに，皇室の結婚式に際しては神道にのっとって神前式で執り行なわれ，それを模した一般の多くも神前式であった。しかし，永島式のような簡略化もできたのは，必ずしも神道に対する深い信仰や帰依があったわけではないことを示している。そして，このことに加えて，宗教性の希薄さを象徴するような劇的な変化が20世紀の終わり頃に訪れた。

それは，1990年代後半にキリスト教式の挙式シェアがトップに躍り出たことである。それまでは神前式がずっと挙式シェアではトップであった。そして，もちろんこの背景には，キリスト教信者の増加などはない。単に，この挙式の

「形式」が「流行」として広く受け入れられただけである。

　そして，このような挙式形式の変化に影響を及ぼした要素は，以下のようになる。

　そもそも結婚式をしていなかったわが国で，結婚式をするようになったのは，明治時代に皇族が挙式したことが要因であった。そして，神前式の結婚式が戦後にかけて広まっていった。それが，1990年代，キリスト教式に変化したのはテレビで視た芸能人たちの結婚式が大きな要因であった。

　こうした市場側への「刺激」（皇室による挙式，芸能人による新しい結婚式）が，ブライダルにおける新しい「スタイル」に対する需要増という「反応」を喚起した。そしてそれに応えようとした供給側の「対応」（永島式結婚式，チャペルの設置など）が，結婚式の実施，キリスト教式の挙式スタイルの広まりにつながったといえるだろう。

　なお，挙式が導入されて一世紀以上を経た現在でも，挙式よりも披露宴の方が盛大に執り行なわれる。それは，金額面でも列席者数でも，披露宴の方が圧倒的に大きいことから明らかである。

　そして，もう一つ考慮しなければならないポイントがある。わが国では伝統的に，結婚とは新郎と新婦との間だけでなく，家と家との関係という側面も強かったということである。事実，表6-1にある平安時代の結婚でも，お互いの家が全面的にバックアップしていることが理解できよう。

　この点にも，1990年代初頭に起きたバブル崩壊とそれ以後の経済停滞，2000年代に入る前後から生じてきたIT革命とそれによる個人主義の台頭などによる，わが国における価値観や価値尺度の劇的な変化が大きく影響を及ぼしている。つまり，家という単位で結婚を考える時代ではなくなったため，挙式形式は周辺の人々の意思は関係なく，新郎新婦主導で検討されるように変化していったのである。

　こうした変化のプロセスにおいて，宗教観の変化といった事象は一切生じていない。しかし，結婚という儀礼にまつわる諸儀式に対するわが国固有の状況，すなわち，

・挙式はしていなかったこともあり，現在でも披露宴の方が盛大

・挙式形式は，有名人の影響で一般も変化

・挙式において，宗教性は希薄

は続いている。つまり，実はわが国固有の「婚姻儀礼観」は，変わらず残っているとも考えられる。

　この，わが国固有の「婚姻儀礼観」は，「和」の精神であると考えられる。この点については第１章で一条（2016）や井沢（1998；2003）に触れつつ強調したが，やはり結婚においても同様であると考えられる。

　要は，わが国では結婚を「周囲の人に認めてもらう儀式」つまり「和の儀式」である披露宴がきわめて重要であることには，平安の昔から変わっていない。これは，他国で「神に認めてもらう」ことと同じくらい重要な「儀式」なのだということを示している。

3.　ブライダルを担う主体

（1）ブライダル関連市場の状況

　ブライダルというイベントに前後して行なわれる結納から新婚旅行までを含めると，トータル費用の総額は，首都圏で平均450万円から500万円にものぼる。しかも，2000年代前半は350万円台であったことからすると，単価が急上昇していることが理解できよう（図6-1）。

　内訳をみると，昨今は挙式・披露宴の割合が圧倒的に高く，８割近くを占めている。金額では350万円前後と，きわめて大きな「買い物」であることが理解できるだろう。しかも，2003年は挙式・披露宴の費用は全体の７割程度であったことを踏まえると，近年の結婚費用の増加は，主として挙式と披露宴が牽引したことが分かる。

　最近では晩婚化が進んでいるため，可処分所得金額も増加していることがうかがえ，その結果として総額が膨らんでいることは想像に難くない。しかし，それだけが理由なのであれば，新婚旅行や婚約関連の費用も同様に増加してい

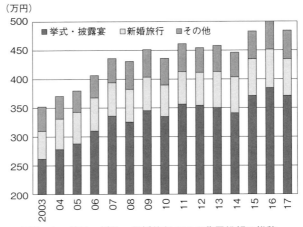

図 6-1　結納・婚約〜新婚旅行までの費用総額の推移
出典:『ゼクシィ結婚トレンド調査』（各年度）をもとに著者作成.

るはずである。この差は，挙式・披露宴会場が，さまざまな演出や個別的な対応を実現したことによって成し遂げられた側面が大きい。すなわち売上を増大させる数々の努力を挙式・披露宴会場が続けた結果である。

　こうした現状を踏まえると，ブライダル関連市場は大きく4つに分けられるのが一般である。それは，

- プレ・ブライダル市場
- セレモニー・ブライダル市場
- ハネムーン市場
- ニューライフ市場

である（この分類は『ブライダルマーケットの総合分析』（1990年），ボイス情報，pp. 12-13による）。ただし，かつては，プレ・ブライダル市場は独立して扱われてはいなかった。これは，一つにはプレ・ブライダル市場を構成するビジネスのいくつかは，必ずしもブライダルが主軸たる事業ではなかったということが挙げられる。例えば，婚約指輪や結婚指輪は，あくまで宝飾店・時計店や百貨店のビジネスの一部であった。婚約関連商品店も，やはり百貨店などが対応して

いた。ところが，近年の結婚情報サービスやブライダルエステなどが伸張したことで，この市場も新しくカテゴライズされるようになったということがいえる。

　以下，各市場について説明をする。

（2）ブライダル関連市場の分類
①プレ・ブライダル市場

　プレ・ブライダル市場は，カップルの出会いのきっかけから，プロポーズを経て，挙式・披露宴を行なう前までの市場である。対応する業者としては，結婚情報サービス業やブライダル・ジュエリー関連が代表的な存在であるが，最近ではブライダルエステも急成長している。他にも，ブライダル・エージェント，婚約関連商品店，互助会，カルチャーセンター，ホテル，レストラン，料亭，業界紙誌，興信所，病院，保険会社などが該当する。

　ここは，ブライダル関連市場全般の，いわば前提となる市場を創出しているといえるだろう。ここの対応力が弱かったり，あるいはうまく事業化できなかったりした場合には，それ以降の市場にもつながっていかない可能性が生じるからである。

②セレモニー・ブライダル市場

　ブライダル関連市場の中核をなすのがセレモニー・ブライダル市場である。

　ここでは，「結婚に際しての儀式」という側面を持つ挙式と，それを「周囲に披露して認めてもらう儀式」という側面を持つ披露宴の，２つの儀式を中心として，儀式を遂行するための諸要素が提供されることで成り立っている。

　対応する業者は，専門式場・ホテル・会館が中心となり，神社・教会・寺院などの宗教的主体がかかわり，ここに貸衣裳店，美容・着付け，ギフト・引出物店，百貨店，写真店，録画，司会，音響・照明，フォーマルアパレル，ハイヤー・タクシー，クリーニング店，印刷，キャンドル店，ドライアイス店，生花店（装花），仕出し店，菓子店，人材派遣会社，設備建設会社，銀行・郵便局・信販会社，バンケット会社，プロデュース会社などが協力する形となる。

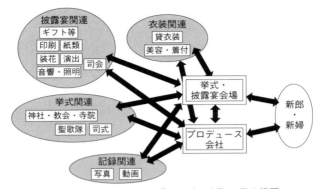

図6-2 セレモニー・ブライダルを取り巻く構図
出典：著者作成

　一般に，挙式・披露宴会場を提供している企業が窓口となり，新郎新婦の希望を聞いて挙式と披露宴のアレンジを行ない，関係各社に手配することになる。場合によっては，会場がそういったアレンジ力を持たない場合もあり，そのようなケースではプロデュース会社がそれを行なう（図6-2）。

③ハネムーン市場とニューライフ市場
　ハネムーンはいわゆる新婚旅行，ニューライフはカップルが新しい生活をはじめるための市場を構成する。
　前者には，旅行業，ホテル・旅館，航空会社・鉄道・レンタカー・船舶・ハイヤー・タクシー，旅行用品店，レンタル店，DPE，保険会社，病院，銀行・郵便局・信販会社，百貨店・衣料品店，業界紙誌などが対応し，後者には，家具店，電器店，寝具店，インテリア店，食器店，日用品店，衣料品店，呉服店，不動産，百貨店・月販店・量販店，ハウジングセンター，工務店，引越，保険会社，銀行・郵便局・信販会社，病院などが対応することになる。いずれも，ブライダルが軸となるビジネスとは限らず，付随的な需要である。そのため，各企業が提供する一部門のような形で市場に対応することが基本となる。この点はプレ・ブライダル市場の一部とも同様である。
　なお，ハネムーン市場に直接的に影響する事実として，新婚旅行に行くかど

うかが問題となる。ただ、新婚旅行は、「行った」という人と「行く予定である」という人をあわせると、80％台後半に上る。この数値は年による変化もあまりない。そのため、この市場は安定的に多くの人が対象市場を構成していると考えられる。

ただ、金額はやや上昇傾向にあり、2012年度は平均56.1万円だったのが、2017年には63.6万円にまで上がってきている。一方で旅行日数は7日間前後であまり変化なく、むしろ微減傾向であるため、高価格への志向がこの市場にもあることがうかがえる。

ニューライフ市場に関連するのは、家具や電器製品を新調するかどうかという点が大きい。2017年度の調査によると、首都圏における親との同居状況は、「二人とも親と同居していた」割合が年々下がっていく一方で、「妻のみ親と同居していた」、「夫のみ親と同居していた」、「二人とも親とは同居していなかった」はいずれもほぼ横ばいとなっている。ただし、この部分は地域差がきわめて大きく、首都圏内でも都県によってかなり差がある（図6-3）。

興味深いのは「妻のみ親と同居」は各都道府県であまり差はないが、「二人とも親と同居」が東京都で圧倒的に少なく、神奈川県、千葉県、埼玉県と増加していくこと、「二人とも親とは同居していなかった」は逆に東京都が圧倒的に多く、神奈川県が続き、千葉県と埼玉県は同割合というところである。

このうち、「二人とも親とは同居していなかった」以外は、ニューライフ市

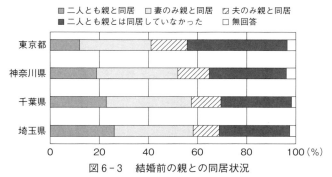

図6-3　結婚前の親との同居状況

出典：『ゼクシィ結婚トレンド調査』（2017年度版）をもとに著者作成．

場を構成する可能性が高いと考えられる。ただし，最近は結婚に際して，電器製品なども含めて新しくすることが多いようであり，いずれの同居状況であったとしてもそれほど大きな差は生じないであろう。

④その他の市場

　ここで紹介した4つのいずれにも属さない市場として，「海外ブライダル」に関係する市場がある。若干の変動はあるが，おおむね，挙式・披露宴実施カップルの1割程度を占めているといわれる。国内ブライダルが挙式・披露宴会場でのワン・ストップでの手配を基本とするのと同様に，海外ブライダルも，多くは国内サロンでの打ち合わせでほとんどが済んでしまう。もちろん，現地にも提携サロンや直営のサロンがあり，最終的な調整は現地到着後になされることになる。

　海外ブライダルの特徴として，国内でのブライダルよりも，招待客が少ないことと，ハネムーンを兼ねることもできることから，総支出は少なくなる傾向がある。ただし，ご祝儀がないケースが多くなるため，実質的な支出が減るかどうかは別問題である。

　この分野は，ワタベウェディングがはしりであったが，現在はH.I.S.のような旅行業からの参入も活発になされている。

（3）ブライダル関連市場を取り巻く関係性

　以上のように，ブライダル関連市場には，それを取り巻く多くの主体が協力し合ってサービス提供がなされていることが理解できよう。新郎新婦という一顧客（2名ではあるが）が，「消えもの」に対して数百万もの支出をする買い物は，恐らくほとんどの場合は一生において他にはない。

　そして，この買い物は，価値観や文化の変化に大きく影響される。この市場変化にも，機敏に対応していくことが求められるのがブライダル関連市場であるということになる。

　市場変化に対応するための産業構造が，例えばセレモニー・ブライダル市場では図6-3のような形態だったということになる。確かにこの形態であれば，

それぞれの専門性を発揮しつつ，さまざまな変化に応じた対応が可能になると思われる。

しかしもちろん，これが完成形というわけではなく，これからもこうした産業構造そのものも変化が求められることになるだろう。その点は今後の課題として，第9章で検討する。

（徳江順一郎）

■注

（1）「永島式結婚式」については，山田（2014）に詳しい。以下の記述も，同研究に拠るところが大きい

（2）前出の目黒雅叙園も「総合結婚式場」と称していたという説もある。

■参考文献

井沢元彦（1998），『逆説の日本史1　古代黎明編』小学館.

井沢元彦（2003），『逆説の日本史2　中世王権編』小学館.

一条真也（2016），『儀式論』弘文堂.

今井重男（2015），「近代婚礼創作とブライダル・ビジネスの源流」『国府台経済研究』第25巻第2号，千葉商科大学経済研究所.

加野芳正編著（2014），『マナーと作法の社会学』東信堂.

菊池ひと美（2011），『お江戸の結婚』三省堂.

倉林正次（2011），『儀礼文化学の提唱——日本文化のカタチとココロ』おうふう.

故実叢書編集部（1955），「江家次第」『新訂増補故実叢書』明治図書出版.

近藤直也（1997），『ケガレとしての花嫁』創元社.

三省堂編修所（2002），『絵で見る　冠婚葬祭大事典』三省堂.

高橋秀樹（2014），『婚姻と教育』竹林舎.

高群逸枝（1963），『日本婚姻史』至文堂.

田澤昌枝・境新一（2004），「挙式・披露宴におけるブライダルビジネスの現状と戦略」『東京家政学院大学紀要』第44号，pp.90-110.

土屋書店編集部（2014），『三六五日を豊かに。暮らしに役立つ　冠婚葬祭・年中行事』滋慶出版／土屋書店.

増田繁夫（2009），『平安貴族の結婚・愛情・性愛』青簡舎.

増田美子編著（2010），『花嫁はなぜ顔を隠すのか』悠書館.

八木透（2001），『日本の通過儀礼』思文閣出版.

山田慎也（2014），「結婚式場の成立と永島婚礼会」，国立歴史民族博物館編，『国立歴史民俗博物館研究報告』第183集，国立歴史民族博物館，pp.209-229.

森下みさ子（1992），『江戸の花嫁』中央公論社.

『結婚トレンド調査』（各年度）リクルートブライダル総研.

『帝国ホテル百年の歩み』帝国ホテル.

『ブライダルマーケットの総合分析』（1990年），ボイス情報.

『ブライダル産業年鑑』（各年版）矢野経済研究所.

第7章 フューネラルとセレモニー

1. フューネラルとは

（1）フューネラルに関する言葉の定義

　日本では葬式に際していろいろな言葉遣いがなされる。すなわち，お弔い，葬祭，葬式，あるいは葬儀や告別式などである。最近では「お別れ会」，「偲ぶ会」など，態様の異なる施行も含めて，さまざまな呼称があり，また地方独特の言い回しもある。

　そこで，最初に，本章を進めるうえで，使用する関係語としていくつかその定義をしておきたい。特にフューネラルに関係した近現代の用語，用法については一律ではないので，次のような考え方を当てはめる。

　■葬式＝**葬儀**＋告別**式**＝狭義でのフューネラル

　　　　　＝逝去から葬式を経て火葬までの一連の行ない

　　　　　　　　　＝広義でのフューネラル

　■葬儀＝**葬送**＋**儀礼**

　　　：葬送は，遺体への行ないごとで主に習俗的対応。具体的には，湯灌，死に化粧，死に装束，納棺，出棺，火葬などが行なわれる。

　　　：儀礼は死者の霊魂に対する対応で，主に宗教対応がなされるが，日本では多くが仏式での作法で，読経やいわゆる戒名授与，事後法要などが具体的な行動として営まれる。

■告別式＝告別の式典

：これらは社会的（世間的）対応で，葬儀とは異なる目的でなされるものである。

その目的は　　1，故人生前の社会的関係性
　　　　　　　2，遺族の社会的関係性
　　　　　　　3，社会の故人に対する社会的関係性

この3要素が相関的に「死という節目」に際して対応していく式典である。

言葉としての「葬儀」は葬送儀礼として遺体と魂を扱う部分で「リチュアル」（ritual）であり，「告別式」は社会的対応であることから「セレモニー」（ceremony）ということになる。

第1章では，この点の区別がやや曖昧に使われる点について指摘し，結果として儀礼や儀式など全般を「セレモニー」として扱うとしたが，フューネラルにおいては区別して考えられることが多い点に注意が必要である（詳しくは後で述べる）。

「フューネラル」（funeral）は，そのような違いを意識したうえで，「葬式」の全体を包括した言葉だといえるのである（二村（2006）による）。

この章では，ほかに「葬祭」という言葉も使うが，これは「葬式」（フューネラル）とその後の供養（お墓や法要などの祭祀）を併せ持った言葉としておく。

（2）フューネラルの現代的様相

現代では，この葬儀と告別式が，約1時間に同時進行でなされ，その前夜を「通夜」と称し，葬式は2日間をかけて営まれる。その前提には死が突発的で，緊急的な面もあることから，遺体の安置や納棺などの慣例も踏まえて，逝去後，数日間はフューネラル全体に費やされる。

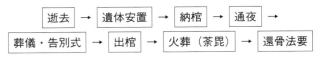

図7-1　フューネラル全体の流れ（一般的な一連の経過）
出典：著者作成

第 7 章　フューネラルとセレモニー

写真 7-1　生前葬の風景
　　　　　（鎌倉プリンスホテル）
出典：本章内の写真はすべて日本葬祭アカデミー教務
　　　研究室．

　これ以降は墓に納骨後，年忌法要が営まれる。その間，伝統的な慣例やしきたり，また季節行事であるお彼岸やお盆なども通俗的に供養行為と意識している。
　最近では，故人の遺志や喪主・遺族の希望から，告別式の辞退や逆に「最後まで自分らしく」という，その人らしさを求める傾向も多くみられる（小谷（2000）による）。
　そこでフューネラルにかかわるあらゆるモノや付帯するサービス，セレモニー進行のプロセスなどに関しても，専門的に学ぶ必要がでてきたのである。

(3) フューネラルとメモリアル

　高齢多死社会といわれる現在，死亡者数は2045年くらいまで増加するものと予測されている。厚生労働省の2017（平成29）年人口動態推計で死亡者数を134万4,000人としているが，2040年には約167万人を超えるとされている（厚生労働省「人口動態統計」と国立社会保障・人口問題研究所「日本の将来推計人口推計」より）。この予測から葬儀における「実務対応」としての火葬に関する対応件数は比例して増加するが，必ずしも「社会的対応」としての「告別式」の施行件数やその規模の拡大が予測されているわけではない。
　その背景としては，現状のフューネラルに対する社会的な価値観や故人追悼に対する変化などメモリアル全体の意識や感性が変わりつつあることが挙げら

れる。つまり日本型家族の変質がすでに葬式の目的意識を大きく変えてきたことがうかがえるのである（森（1993；2014）に詳しい）。

また伝統的葬儀の意味と目的は、現代葬儀のそれとは大きく乖離してしまった。

伝統的な葬儀では、故人を中心に遺族や親族と社会（地域共同体）が一丸となって施行にかかわってきた。寺院（菩提寺）、僧侶が司祭となり、それを世話役などの地域住民が支援し、葬儀社はその指示によって裏方的な業務をしてきた。

現代的な葬儀では、故人、遺族・親族などいわゆる近親者が中心になり、葬儀全体を葬儀社に委託して、その施行の場も葬儀社の葬祭ホールになった。そのため葬儀社はこれを主導的に施行する責任をともなった業務が顕在化した。ただし、施行規模の縮小からいわゆる「家族葬」と呼ばれる施行トレンドが浸透して、中には「直葬」という火葬（遺体対応）のみを行なうことも増えたのである。その目的を強いていえば、故人との「お別れ」であり、葬祭ホールは「お別れの場の提供」である。その目的だけでは不安な遺族もいるので、「魂」に対する手立てとして、ワンポイント（点線）で僧侶を頼むこともある（以上、図7-2）。

このように、フューネラルの変化から周辺全体の意識が大きく変化したこと

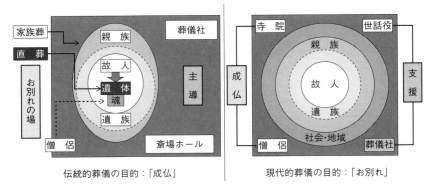

図7-2 a，7-2 b　伝統葬儀と現代葬儀の俯瞰的概要と施行の目的
出典：日本葬祭アカデミー教務研究室

が理解できる。これは日本人の「死生観」の変化であり,「鎮魂」や「成仏」に対する庶民的な葬送観念の喪失であるといえる（五来（1996）による）。

しかし通過儀礼としてのフューネラルが,死者の遺骨化によって終了するわけではない。実に日本の慣例では,納骨まで,また納骨後の各種のセレモニーとその施行による社会関係性の更新が常に図られていくのである。

これらのセレモニーは,いまでも主に仏教的な対応と慣習的な年中行事とが相互に関係して,長期にわたって施行され続けている。その基盤となるものが「墓」であり,これまでこの承継を担うことで「家」の存続が継承されてきた（宮田・新谷（2000）による）。

フューネラル施行後,7日ごとに行なわれてきた「法要」も,現在でも頑なに守って慣例化している地域もあるが,おおむね49日を一つの区切りとして,その間のセレモニーを省略することも多い。しかしながら1周忌や3回忌など,その後の年忌法要においては,普段疎遠な親戚なども交えて営まれることも多く,また年中行事としての「お盆」や春秋の「お彼岸」などは,社会的な関係性を踏まえて現代でも綿々と営まれている。

このようにフューネラルを経て故人の追悼や記憶をたどり,そこに何らかの営みをかさねることを,言葉の原意はともかく,総体的には「メモリアル」という言葉でとらえていくことにする。この点は第8章で詳述する。

2. フューネラルの歴史と市場の変化

（1）フューネラルの歴史的見解

フューネラルは葬式全体を表すが,葬儀は始原的に行なわれていた。考古学的な検証では,約5万年から6万年前の旧石器時代にさかのぼり,埋葬された遺体に「花が手向けられていたらしい」という説をもって,これをフューネラルの痕跡としている。

日本では縄文や弥生の遺跡から主に集団の墓域が発掘されたり,その後,墳丘墓,周溝墓などの埋葬手法や副葬品などから当時の死後観が推測され,呪術性が感じられることから,死者に対しては何らかの儀式的な手立てがされてい

たものと考えられている。

　3世紀末の『魏志倭人伝』には，人が死んだ際に納棺し，埋めないで一定期間，殯（もがり）を行ない，その間肉食の禁忌や哀哭（声をあげて泣き叫ぶこと），また周りの者は歌舞飲酒の宴会を催し，そうして埋葬が終わるとそろって沐浴するなど，葬儀と告別式の原風景が記録されている。また，火葬については，文献としては『続日本紀』文武天皇4年（西暦700年）の条に仏教僧道昭の火葬が記述され，これを火葬のはじめとしているが，すでに『万葉集』などでは火葬に風情などを詠ったものがあり説が分かれている（芳賀（1996）など）。

（2）フューネラルの専業化

　仏教以前から「遊部」（あそびべ）といわれる集団があり，五来（1996）は死者の鎮魂儀礼をおこなう職能集団であると解説している。おもに大王や天皇の葬儀に際して供奉したという。これが「供養」のはじまりであるとしている（pp. 8‐9）。

　その後「聖」（ひじり）や「遊行僧」らが葬儀にかかわるようになって，葬送供養は仏教僧の修行の一つ，また仏教帰依の浸透のための手段として広く行なわれるようになった。江戸時代に入って寺請制度が敷設され，葬儀の差配はすべて菩提寺が執り行なうようになる。葬儀社の前身には，たとえば桶や樽を製作する職業が棺の製作をその時々で請け負うようになることや，喪服などの貸し出しなど他業種とかかわりがある中で，やがて専業化してくるのは明治に入ってからである。大正期には葬具専門の問屋も出現しているので，すでに葬儀屋としては専業化していたものと思われる。その後，大きく変化したのは昭和30年代からで，「葬儀屋」から「葬儀社」として，霊柩業務などを含めたフューネラル全般にかかわる総合企業として，成立を見るのはそれ以降になる。

（3）近現代の変化と社会関係

　戦前戦後の過渡期を経て，昭和30年代から50年代にかけて業種的に大きな変革がもたらされ，昭和60年代には社会的な環境変化の中で，特に住宅事情や地域共同体意識，また神仏信仰への意識が大きく変化した。なかでもフューネラ

ルに合理性や利便性，省力化などが求められ，明治以来法令化されていた喪に服するための忌服令なども多く省略されるようになった（芳賀（1996），p.278）。その法令では，父母をはじめとする親族関係者に対して事細かに服喪期間を定めていたが，現在では「忌引き休暇」という形で特別に休みを取ることがあり，就業規則上の社内的な福利厚生事項となって，有給無給やその日数なども会社によって異なる。表7-1に一例を示しておく。

表7-1 現代の忌引き休暇日数（企業によって異なるが，一般的な事例）

亡くなった方	忌引き休暇の日数
配偶者	10日間
父母	7日間
子	5日間
兄弟姉妹	3日間
祖父母	3日間
配偶者の父母	3日間

出典：著者作成

　これらの社会的慣例も希薄化され，伝統的な慣習が崩れていくことで，フューネラル自体の社会関係性が損なわれているといえる。

　またもう一つの事例として，施行形態が自宅から葬儀社や寺院の葬祭ホールを利用した施行に移り変わった。そのためこれまでは，「自宅葬」における近隣コミュニティの施行支援を相互的な社会的関係として，その施行を介して関係性の継続や更新が図られてきた。

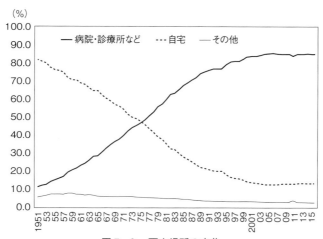

図7-3　死亡場所の変化
出典：厚生労働省『人口動態統計』

施行場所が葬祭ホールに移ったことで，その支援の必要性が無くなり，近隣の人々は，「お手伝い」から，単なる「会葬者」（お客さん）となってしまった。そこでなされていた地域支援を，今度は葬儀社が肩代わりし，そこに「葬祭サービス」という言葉も誕生した。葬祭業が「サービス業」の位置づけで，産業業種として俎上にのせられることになった。あわせて，それまで自宅での逝去が当たり前であったが，1976（昭和51）年頃を境に，自宅以外の場所での逝去，つまり病院死が増大し「逝去場所の変化」から，葬儀社は病院からの搬送業務，安置，遺体保全，そして葬儀・告別式の施行に至るまで，包括的にかかわるようになった（2004（平成16）年における逝去場所は病院・各種施設85%，自宅12.4%，その他2.6%）。

（4）フューネラル市場の現況

フューネラルがサービス産業の一端に属して，そこではブライダルや他のセレモニー産業との統計的な比較がなされるようになったが，構造的には「元請け」である葬儀社から，それぞれの「下請け」に分業されることで，施行全体が構成されていく。この点はセレモニー・ブライダル市場に対応する業界に類似している。

この分業化には，さまざまな業種が関連する。表7-2に一覧とした。

表7-2　フューネラルを構成する職種

物販ビジネス	仏壇仏具の販売・返礼品・ギフト・各種印刷物
飲食ビジネス	法要料理・お弁当・メモリアル・パーティー
サービスビジネス	司会・進行・祭壇施工・レンタル・車両送迎・人材派遣
アミューズメントビジネス	儀式演出・音響・場内演出・環境演出・展示・誘導・映像・メモリアル・プロデュース（アルバム制作等）
宿泊ビジネス	宿泊（待機・通夜）・宿泊手配・ホテルサービス全般
リースビジネス	貸しホール・寺院提携式場・車両貸し出し
分譲ビジネス	墓地墓石の斡旋分譲・霊園・納骨堂運用・販売
情報ビジネス	フューネラルフェアなど情報発信・ネット配信
教育ビジネス	フューネラル技能・知識に関する教育とライセンス等

出典：著者作成

第 7 章　フューネラルとセレモニー　*145*

これら総体の市場規模は把握しづらい
のが現状であるが，経済産業省の「特定
サービス産業実態調査」（2015年）では，
フューネラル本体の売上高は 1 兆3,739
億円で取り扱い件数は120万1,341件で
あった。また同省の「商業統計」（2014
年）によると，仏壇・仏具などの宗教用
具小売業の売上高は1,639億円となって
いる。民間調査では，矢野経済研究所が
2016年のフューネラルビジネス市場とし
て， 1 兆7,944億5,300万円の数字を出し

表 7-3　従業者規模別事業所数

従業者規模別	事業所数	構成比（%）
計	10,109	100.0
4 人以下	3,083	30.5
5 人〜9 人	2,542	25.1
10人〜29人	3,210	31.8
30人〜49人	606	6.0
50人〜99人	426	4.2
100人以上	243	2.4

注）標本調査で拡大推計して集計後に四捨五入を
　　している．そのため，総計と内訳の合計とは
　　一致しない場合がある．
出典：経済産業省『特定サービス産業実態調査』

ている。これに保険や信託などの潜在的市場を加味するとこの数字は倍増する
と思われる。

　なお，市場規模の数字などが把握しづらいのは，営業の個別規模が極めて零
細であることと，小規模の「家族経営」的な事業所の多さである。従業員数が
10名以下の規模が 9 割近く，特殊な産業構造であるといえる（表 7-3）。

　ただし，このような業態であるがゆえに，地域社会との密接な関係性が継続
しているという事実も把握しておかねばならない。

（5）フューネラル市場の変化

　2010年代くらいから，フューネラルにおいて個々の施行形態が変化してきた。
「家族葬」や「直葬」という言葉が普及したことで，それに順じた小規模な施
行が激増したことが大きく影響している。

　「家族葬」の基本的な定義は，家族の総意による慣例にとらわれないフュー
ネラルの施行ということであるが，一般の認識としては，規模の小さな
「内々」の葬式で，なるべくお金のかからない施行という風潮がまん延した。
中には「葬儀」のみを行ない，「告別式」は辞退する施行方法を採用する人も
増えた。つまり社会的関係が不用意にも，ここで絶たれてしまうのである。こ
れに輪をかけたのが「直葬」で，これは直接火葬の短縮された言い回しである。

つまり「火葬」のみを執り行なうことで，具体的には死去場所から納棺を経て直接火葬される実務的な対応のみを執り行なうことである。これらの大衆意向に沿った形で，「家族葬」や「直葬」を施行プランに組み入れてサービス・パッケージにしたことにより，フューネラル経費全体の平均単価が著しく下降した。

このようにフューネラル産業は，社会的関係性の中で大衆的な迎合や追随に頼った結果，フューネラルのみならず，メモリアル全体の施行価値の低下や意識の劣化を招き，自らセレモニーの社会的意義の責任解説を放棄してしまったといえる。

いま改めて「葬祭学」を創唱していこうとするのは，市場変化の事由を文化の衰退に求めるのではなく，儀礼の文化においても改めて価値の更新と再認識をうながしていくためである。

3. フューネラル産業を構成する主体

（1）葬儀社の多様化

これまでの葬儀社は「元請け」として，葬祭施行の「受注」を真っ先に得て，その施行全体のプロデュースを職務とした。同時に葬祭現場でのディレクターでもある。これまで綿々と地域共同体の中に組み込まれた職域として，特段の競合他社も少なく，営業意識や理念構築を有しないまま事業を拡大してきた。

一方，昭和50年ごろを境に「病院死」が多くなり，都市部では，住宅事情から遺体の安置が自宅では困難な状況となった。特に集合住宅の増加やその高層化が著しくなると，遺体の安置先としての霊安施設（安置・保管室）の必要性と，その後のセレモニー施行において，戸建ての少ない自宅環境の都市部では，専用の葬祭ホールの必要性が高まった。これらは「斎場」，あるいは「葬祭会館」，「葬儀式場」などと呼ばれ，公営のものや葬儀社自身が建設する自前の「葬祭ホール」の開設が急激に拡大した。

第7章　フューネラルとセレモニー　147

◆フューネラルを行なう場所の言葉の定義
　　・斎場または葬祭場：一般的に葬儀・告別式を行なう場所。または火葬場を
　　　　　　表すこともある。
　　・式場：斎場の中に複数の施行区画がある場合，その一つずつの区画を式場
　　　　　　という。
　　・ホール：「葬祭ホール」を通称化した呼称。通常，葬儀社や寺院が専用の
　　　　　　葬式スペースとして経営していることも多い。
　　この他に，〇〇会館，〇〇殿，〇〇堂等々，その名称は各種ある。地域独自
の通称もあるので，他の施設と混同しないように注意が必要である。

　　自宅葬からホール葬への移行がはじまり，そこでは葬儀社自身の施行サービ
スやホール施設に対する意匠などのバリエーションが生じ，それぞれ自社の特
徴として，葬儀社の業務構造が多様化した。それにより業務意識も大きく変化
した。

◆ホール葬への転換によるフューネラル意識の構造変化
　　・慣習的葬儀　　　　→　　人為的演出葬儀
　　・宗教的施設　　　　→　　快適性を求めるサービス施設
　　・男性スタッフ中心　→　　女性スタッフの就業拡大
　　・業務経験価値　　　→　　サービスやホスピタリティの教育価値

（2）祭壇の変化

　　フューネラルビジネスにおいて，大きな収益性をもたらしたのは，業務の特
殊性や緊急性を要することばかりではなく，実際の施行マネジメントにおける
祭壇の施工が業務利益の大きな部分を占めていた。
　　白木祭壇は伝統的な木製の組み付け祭壇で，その段数や幅などのサイズ，ま
たその上に飾る装飾具の豪華さなどにより数十万～数百万円の「祭壇料」を設
定していた時期もあった。
　　この白木彫刻などの祭壇が出現するのは，戦後のことであり，昭和30年代以

降といわれる。それまでは段を組んだ上に白布や金襴の布をかけるなどしていた。祭壇様式の変化は、葬列などの衰退や柩の安置形態の変化などにより、葬儀社や葬具メーカーの主導的な提案や改革で変化したもので、庶民的な習俗観がそれらの装飾によって大きく移り変わってしまった。

　柩を納めて運ぶものを「輿（こし）」といい、移動をともなう前提の意匠であり、柩を内包するものでもあった。しかし、それらが形骸化すると、輿は寺院・宮殿のミニュチュア化したものになり、祭壇全体は他界をイメージさせるものへと変化していった（山田（1996）、p.84）。

　祭壇の規模とそれらに附帯する葬具のランクは連動することが一般的で、故人の社会的地位や関係性をその祭壇施工で表象してきた。いわゆる「立派なお葬式」というものの価値は、その祭壇飾りの豪華さであり、特にそれは「告別式」によって、故人の社会的地位の確認表示に結びつけられてきた経緯がある。

　しかし、祭壇を含めた「葬具」は習俗的に、使い切りで、その時だけの消耗品であるという慣例意識が希薄になり、祭壇そのものの恒常的利用が常套的な業務となり、本来的な「白木」（加工を要さないその時だけの簡易的素材）の意味づけや価値も失われたことから、祭壇自体の素材もデコラ合板や塗り物などと大きく変化して、現代のホール葬においては施設設備として画一的な備え付けになってしまった。

　そのような変化は、一般庶民にとっては葬祭施工価値の曖昧さと不信感の拡大を浸透させてしまった。そうしてこれら白木祭壇に代わるものとして、生花

写真 7-2　白木祭壇の施工例

写真 7-3　生花祭壇の施工例

祭壇が出現し，白木祭壇併用の過渡期を経て現在では生花を中心とする祭壇デザインがトレンドとなった。

（3）宗教的変化

　江戸時代に完成された寺請制度は，明治になって撤廃されたため，形骸化したにもかかわらず，現代でも根強く承継されている。檀家と菩提寺という関係性は「家」制度を基本として承継されてきた経緯から，このことは「家」の存続と「墓」の永続管理を前提とした「供養」承継でもある。

　現代でも多くが寺院との何らかの関係を有していることが多いが，特に地方から出てきた都市居住者から，その関係が薄れていき，核家族化もそれに拍車をかけた。

　仏式での「葬儀」の施行とその後の「納骨」は，特に「境内墓地」を承継している場合には，その寺院の住職に，宗教的な司祭である「導師」をお願いし，いわゆる「戒名授与」やその後の「法要」を委託することが慣例となっている。

　一方では，次男，三男として「家」の承継をしない世帯や，そのことで特に菩提寺を持たない人も増えて，葬儀施行に必ずしも特定の宗教性を当てはめなくてもよい人たちも出現してきた。後日の「納骨」形態が宗教とは関係のない霊園などの場合，人によってはまったくの「無宗教」対応も可能であり，宗教者の介在がないことで，宗教的規範や慣例（いわゆる戒名授与など）に煩わされないこと，またお布施などの支払いがないことから，できれば「無宗教」的なセレモニー要望する人も出現した。

　森（2014）は「先祖祭祀の機能を組み込んだ近代家族」から「先祖祭祀機能を解除された家族」へと移り変わったとしている（pp.113-116）。この機能を墓においてその供養の推移を説いているが，これを主体的に担ってきたのが，寺であり地域社会なのである。

　団塊ジュニア世代あたりから，都市部を中心にフューネラル自体の無宗教化が目立つようになった。特に「告別式」における「お別れ会」や「偲ぶ会」などの多くは，宗教色のない施行が一般的である。それでも社会的な関係性を「個人的」にしてしまう不安がぬぐえないため，形を変えながらも，お別れ会

や偲ぶ会など，その手法を模索しているのが現状である。

（4）受注構成と付帯企業の変化

　フューネラルの請負を最初に受注することで，葬儀社は「元請け」としての主導権を発揮できる立場にあるが，現代のネット社会では葬儀社へ直接葬儀施行を委託するのではなく，ネット上での情報アプローチから，その窓口を通じて委託する時代になった。これによりフューネラルのポータルサイトを拡大した「窓口」業務専門の「葬儀配信」企業が出現した。すなわち，ネットビジネスにおけるフューネラル部門へのベンチャー的進出である。

　明朗な料金体系や事前見積もり，また全国展開のできる市場ネットワークなどを発信することで，そこから得たさまざまな情報から直接葬儀社に委託しないで，その窓口を通じて委託することが増え，葬儀社の「元請け」としてのスタンスは大きく揺れ動いているのが現状である。ただしネット情報における一般庶民の傾向は，葬祭に関する基本的な知識がないところで，表面的な金額やイメージ写真などで誘導されることも多く，また他との比較できる余裕もなく，それら情報のリテラシーがないままの委託が拡大している。今や Amazon を通じて僧侶派遣を「買える」状況でもある。

　それをもってしても，形骸化した上での提案が多く，フューネラル意識の正統的な根本に触れたものはあまりにも少ない。エンドユーザーの側からみると，固定的な付帯サービスに関しても不満が出てきている。数年前より，人生の終焉を包括的にとらえた流行語「終活」が聞かれるようになってきたが，高齢者の不安を明細にしただけで，真に求められている深層的な対応にはなっていないのが現実である。むしろ，祭壇に関しての「生花企業」選択や告別式会場としての「ホテル」情報，また香典返しなど慣例的ギフトの選択肢の多様化，またフューネラルに関する各種の「食」の提案や質的向上などがそれぞれ個別の情報としても得られるようになって，必ずしも葬儀社を中心におかなくても，それら附帯的といわれていた企業職種においても，葬儀受注の先行的な窓口になることが可能なビジネス構造となった。

　葬儀受注が先行的に可能な職域には，相続や遺言，財産保全等々に関与する

各種士業関係者や信託銀行，保険会社の他，介護や在宅サービス関連職種，あるいは高齢者福祉関係，生前整理やリフォーム関係など他業種に関係する。最近では高齢者を対象としたツーリズム関係までフューネラルビジネスへの関心を示している。

このような現状から，ホテルやバンケット関係者が「告別式」マーケットを取り込むことは至極当然の将来的布石であり，そのビジネス対応ができる人材の育成が望まれる。

(5) フューネラル産業の構成大別

フューネラルが故人の社会関係性を重視して施行されようとした場合，つまり「告別式」を踏まえた全体のセレモニーとして産業構造を俯瞰できるものに経済産業省の図（図7-4）がある。

同省の調査では，主体的な各団体をあげて産業構造を調査している。

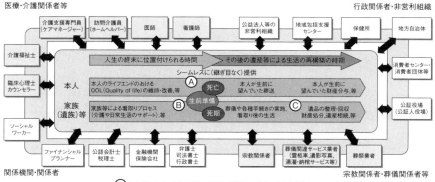

図7-4　経済産業省ライフエンディング産業構造調査報告書
出典：経済産業省商務情報政策局サービス産業室（2011），p.36.

この図では医療・介護と宗教・葬祭関係者と連携して，それぞれを行政的には火葬場運用（自治体）・遺体衛生関係（保健所）・葬祭サービス全般（消費者センター）・遺言や相続など（公証役場）・公営の斎場等（地域包括支援）・事前相談窓口等（非営利団体組織）などがかかわり，関係機関として専門の士業関係や有資格者で取り巻いている。

実際にはこれ以上に取り巻き業種やそのすそ野は広い。また，かかわる度合いは一定ではないが，フューネラル産業と社会とのかかわりがここで俯瞰できる。

4. フューネラル産業の問題点

（1）セレモニー進行（ソフト）

　ここでは具体的なフューネラルの進行をみて，そこから色々な問題点としての硬直化や今後の進め方を示唆していく。

　一般的なフューネラルの手順は，前述したように逝去場所からの移動で始まる。詳しくは初期段階から，以下の手順になる。

①初期段階：葬儀社との折衝

　病院で逝去⇒病室（治療室）から霊安室等へ病院内移動⇒

　この時，遺体の清拭や清浄な浴衣やパジャマなどに着せ替える⇒

　病院内霊安室に安置⇒葬儀社に連絡⇒寝台車到着⇒遺体搬送⇒

　安置・保管

　　ここでは「死亡診断書」の受領が行なわれる。

②打合せ：葬儀社との折衝

　遺体体安置と保管完了⇒日時等打合せ⇒訃報連絡⇒納棺

　　菩提寺等がある場合は，まず住職への連絡をする。次にそれに合わせて火葬の申し込みや施行場所，時間を決めるが，その折，現代でも六曜の「友引」の日は，火葬場が休業のこともあり，その日の出棺を避けることが多い。

　　火葬場併設の式場や葬儀社ホールによっては，その混み具合で，数日間待たされることもある。

③訃報連絡

　　連絡先などを確認して，日時・施行場所が決定してから連絡する。

　　訃報連絡は電話やFAX，最近ではメールなどもある。

　　項目としては

　　1．故人名，2．年齢，3．通夜・葬儀・告別式の日時，4．施行場所，
　　5．場所案内，6．葬儀手法（仏式・キリスト教式・その他），

7．香典供花等の授受の有無，　8．訃報者の続柄と連絡先

などが必要とされる。不特定多数への訃報連絡（掲示板や新聞訃報など）の
公示には個人情報に注意する必要がある。最近では問合せ先を担当する施行
葬儀社にしておくことが多い。
④通夜から葬儀・告別式終了まで

　　通夜⇒夜とぎ⇒葬儀・告別式⇒お別れ⇒出棺⇒火葬場⇒拾骨⇒
　　法要等⇒会食⇒散会

　これらが現在でもその規模の大小はあるものの，通常なされている手順であ
る。ここでも「仏式」の施行を前提に説明しているが，実はこれらにも硬直化
している面が多くみられる。

　第一にフューネラルの式進行は必ず「宗教」（多くが仏教）的対応をしなけ
ればならないのか，ということである。前述したように「葬儀」は遺体にかか
わる実務的，習俗的処置と霊魂に対する宗教的な対応がなされるが，この宗教
については現在では個人，あるいは故人の信仰に委ねられている。したがって
「菩提寺」を有するなどの特定のつながりがない場合には，無理にあてはめる
ことはない。

　第二に，遺体への衛生保全が適切になされていれば，たとえばエンバーミン
グ処置などが施されていれば，遺体の劣化変化はきわめて少ないのであわてて
施行する必要はない。

　第三に，訃報連絡の際，慢性的に通夜と葬儀・告別式の両日を連絡してしま
うが，最近では，「夜」に通夜を兼ねて，葬儀・告別式を施行するケースもあ
る。このような基本的な進行の見直しを検討し，提案していくことが重要であ
る。

　現在のセレモニー進行は決して伝統的なソフトではない。それを言うならば，
葬儀自体は，伝統的に夜間行なわれていた歴史がある（芳賀（1996）p.282；山下
（1898）における論説 pp. 1 - 3 の紹介文より）。

（2）フューネラルにおけるプロデュース力とは

　葬祭全体にかかわる文化を理解したうえで，現代のフューネラルの在り方を考えると，それぞれが固有にアレンジできる部分と最小限しなければならない社会的規範があることを理解しなければならない。それは遺体対応である。そこでは実に習俗的な慣習からいろいろな禁忌やしきたりが現存して見られるが，それらは最も民族の死生観を象徴する慣例ともいえる。その振る舞いや所作対応を基層的な文化として解明し，理解する必要がある。ここでは実務的処置としての最小限の対応を紹介する。

◆最小限の対応＝遺体への対応＝葬儀（葬送対応）
　・納棺（ひつぎに納めること）
　・霊柩搬送（しかるべき車両で火葬場へ搬送すること）
　・火葬（荼毘に付し拾骨）

　この3点は，必ず行なわなければならない。そして，これはすべて「葬儀社」が介在して行なう業務となる。いわばそれ以外のフューネラルはすべて，自由に行なえる（宗教帰依者は別）。そのプロデュースは故人生前，あるいは遺族の希望や要望，故人を取り巻く社会的関係にかかわる人，そうして葬儀社自身もある。

　「告別式」を中心に考えれば，それはホテルやバンケット関係者からのプロデュースも十分に余地がある。そこでは誰もがボーダレスに提案できるということである。

　そのためにはフューネラルに関する知識や意義を踏まえて，その施行目的や施行効果を的確に果たせるようなプロデュース力が必要になってくる。一時期のような形骸化したうえでの見世物的・世俗的な施行は今では誰も評価しない。ある意味，近代化していくプロセスのなかで衰退してしまったメモリアル全体の「聖性」などが，あらためて感動を醸すプロデュースがなされなければならないだろう。

（3）プロデュース力の根底

フューネラルにおけるプロデュース力を支える要素は，アカウンタビリティである。

死を境としてそこに悲嘆や深層的な心理が凝縮されるが，フューネラルを営むことで死の受容がなされていくのも確かである。そこでの接遇対応こそ「究極のホスピタリティ」といわれるが，そのためにはその行ないが「作業的」になってはならない。葬儀においては実務的な要領や合理的で無味な手順もある。しかしながら遺体への対応も含めてそれらは培われた死生観をもとに行為されている表象でもある。死に化粧をエンゼルメイクと呼称し，死に装束も経帷子の白装束から，故人の普段着が良いとする向きもある。棺においては，そのデザインや意匠も変化して，いまでは木箱感が全くない布棺が多用されている。顔に懸ける白布も，神棚封じの半紙も忘れ去られているが，綿々とそのカタチとプロットは変わっていない。

日本では民俗的に遺体に対しての愛着と交差した形で，実に「ケガレ」の恐怖感の方を強く感じていた経緯がある。

フューネラルのプロデュース力は，いろいろなセレモニーの意味と意義を検証して，そこから見えてくる文化を知る「感性」が必要である。色々なセレモニーで行なわれる所作や慣例は，その象徴的なものであり，その根源をたどれる洞察力を備えていなければならない。

セレモニーの象徴性から順次フィードバックしていけば，日常の慣例・習慣があり，それを遵守することが「礼儀」である。この礼儀を「作法」として行なうことが「儀礼」になる。そうして，多様な儀礼を同一空間，同一時間で集約したものが「儀式」となる（第1章も再確認されたい）。

そのためこの儀式をプロデュースしようとしたときには，そこにどのような「類感」が重なって，そこからどのように意識が変成されているのかを，見極める想像力が求められる。

前述したように，儀礼や儀式の違いを，青木（2006）は文化人類学的に解説し，儀礼を ritual，儀式を ceremony とし，その混同に注意をうながしているが（p.29），英語圏での言葉のイメージにとらわれる必要はない。むしろ日本的

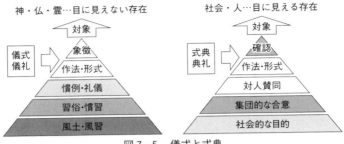

図7-5　儀式と式典
出典：著者作成

なイメージで共有されたなかで理解した方がいいのではないか。そういう意味で、本章ではritualは「儀式」（儀礼の集約）として、またceremonyは「式典」と意訳した方が、フューネラルを考える場合に理解しやすい。それはフューネラル産業の問題点が、その意識の差異を見いだせないところにあるからである。

同時に「式典」である「告別式」にこそ、これからはいろいろなプロデュース力が発揮でき、フューネラル産業を大きく変革させる要因がある。

◆儀式＝「目に見えないもの」を対象とした呪術性・宗教性のある感性行事
◆式典＝「目に見えるもの」を対象とした共有や確認を目的とした意識行事

（4）葬祭ホール（ハード）の考察

フューネラルの施行は多くが専用の葬祭ホールで営まれる。そこで求められているものは進行にともなう快適性である。同時に悲しみを癒すべき空間でもあり、また対人的に会葬者を迎える空間でもある。

これまでのフューネラル施行は自宅や寺院本堂、または公民館などの公共施設で行なわれ、そこは本来、葬儀や告別式のためではない施設の流用であった。

昭和50年代に入ると地域差はあるものの、寺院をはじめ、葬儀社自身も自社専用の葬祭ホールを運用するようになり、ますます「自宅葬」が激減していっ

た。

　葬祭ホールは，葬儀社の大きな「看板」であり，その広さや豪華さがそのまま競合他社との差異化となる。さらに，その利便性や快適性に加えて，スタッフのサービス資質も大きく問われるようになった。

　一般的な葬祭ホールの機能と設備には，通夜，葬儀・告別式を営むための式場と会葬者を迎え入れるロビー，遺族親族のための控室（仮眠室を兼用），会食のための食事室などがしつらえられている。最近では，遺体安置のための安置専用室（冷蔵設備などがある）や宗教者専用の控室が設置されていることもある。そして，ビル型のホールでは，各階がそれぞれ独立したフロアとなり，一つの葬祭ホールに複数の式場を有していることも珍しくない。駐車場も数台から数百台までが停められるなど，立地や地方慣習に沿った対応がなされている。

　その式場の多くは，いわゆる「劇場型」といわれている形式が多い。これは，祭壇装飾と遺族席，会葬者席が，まるで劇場のように，ステージと観客席のように設置され，ステージには祭壇が飾られているというスタイルである。

　近年のフューネラルに対する大きな意識変化から，全体の規模が縮小されてきている点は前にも述べたが，それとともに葬祭ホールのモチーフも，劇場型からファミリー型へと転換し始めている。そのためホールのコンセプトそのものも大きく移り変わりをしはじめた。

　会葬者としての「観客」が少なくなれば，劇場型の「見せる」演出は不要になる。そこから，葬式本来の死者対応や，セレモニー意識の原点回帰が求められるようになった。つまり「見せるための祭壇」の必要性が著しく低下し，不要であるとする考え方も出てきたのである。

　米国などで行なわれているフューネラルは，主にビューイングスタイルで，それは遺体との直接対面をセレモニーとしたものである。これによって遺された人たちが死を受容していくプロセスとなっているのではないかという視点も論じられている（小谷（2000），p.117）。

　すでに日本でも先駆的な試みとして祭壇を重視しない葬祭ホールもあり，現在では小規模葬向けの施行が強く反映されているといえる。ただしこの「萎縮

写真7-4　一般的な葬祭ホール例　　写真7-5　ファミリー的なホール例

性」には問題もある。それはフューネラルが，「葬儀」のみの施行で済まされていくことに対する懸念である。すなわち，社会的対応としての「告別式」の重要性を再認識しなければならないのではないだろうか。

(5) フューネラルにおける教育

これまでフューネラルの学問的領域は特になく，主に民俗学の習俗事例や社会学の現象事例として述べられてきた。

なかでも葬制・墓制は縦軸には歴史的展開があり，横軸には宗教的な制度や信仰の展開があった。近代に入って葬祭がビジネス化されると経営論からの視座でセレモニーが語られることになった。

しかしフューネラル自体にはその前段に，老いや介護，そして医療と共にみとりなどの実務対応や社会性が問われはじめ，根源的な「死」に対しての「死生学」的見地も浸透してきた。細見(2004)は死生学の視座を以下のように示した。

> 世俗化により「聖なる天蓋」のほとんどが取り外された現代でも，なおなにがしかの意味がなければ，人は生きていくことはできない。あるいは文化人類学的に言えば，葬制や服喪といった通過儀礼がなければ，共同体は維持されない (p.29)。

これを見ても，哲学的な感性が絡む。

第7章　フューネラルとセレモニー　*159*

　また，ビジネス的な指向からは徳江（2012）は，ホスピタリティ論やそれに関するマネジメントなどがサービスの現場や組織の各レベルで重要なことを説いているが，その指摘はフューネラルの対応にも十分当てはまることで，教育の中で対応していくべきことでもある。

　ハードの施設に鑑みれば，ほかには葬祭ホールや火葬場の建設，あるいは霊園の構築などは，都市機能としての工学的なグランドデザインが必要になる。このようにフューネラルのカテゴリーを俯瞰し，その後のメモリアルも視野に入れれば，広大な学問的領域の裾野が見えてくる。きわめて複合的な教育要素を持っている。

　フューネラルビジネスでは，今後，生前予約や事前相談機能を充実させなければならない。更に，高齢社会におけるセカンドライフへの提案も企図したカルチャーを発信しなければならない。このような新たな情報発信やイベントの実施をより生前にフォーカスした発展的教育の敷設が不可欠である。フューネラルビジネスのビフォー・サポート強化に向けて，有形・無形のサービス教育もあわせて学ぶ必要がある。

（二村　祐輔）

■注
（1）古代葬法の一つで，死後一定期間，埋葬しないで喪屋を仮設し安置すること。天皇の場合はこれを殯宮という。『令集解』の喪葬令ではそこでの儀礼作法が記述してある（新谷・関沢（2005））。

■参考文献
青木保（2006），『儀礼の象徴性』（岩波現代文庫学術155）岩波書店.
朝日 MOOK（2016），『定年後のお金と暮らし2017』朝日新聞出版.
井之口章次（2000），『生死の民俗』岩田書院.
鵜飼秀徳（2015），『寺院消滅』日経 BP 社.
勝田至（2012），『日本葬制史』吉川弘文館.
小谷みどり（2000），『変わるお葬式，消えるお墓』岩波書店.
小宮路雅博編著（2012），『サービス・マーケティング』創成社.
国立歴史民俗学博物館編（2000），『よそおいの民族誌』慶友社.
五来重（1996），『葬と供養』東方出版.
新谷尚紀・関沢まゆみ（2005），『民俗小辞典死と葬送』吉川弘文館.

徳江順一郎（2012），『ホスピタリティ・マネジメント』同文館出版.

中牧弘允編（1999），『社葬の経営人類学』東方出版.

芳賀登（1996），『葬儀の歴史　増補版』雄山閣出版.

芳賀登・石川寛子監修（1999），『郷土と行事の食』（全集日本の食文化12）雄山閣出版.

プレジデント MOOK（2013），『新しい幸福論』プレジデント社.

細見博志編（2004），『生と死を考える』北國新聞社.

松濤弘道（2000），『最新世界の葬祭事典』雄山閣出版.

宮家準（1989），『宗教民俗学』東京大学出版会.

宮田登・新谷尚紀編（2000），『往生考』小学館.

森謙二（1993），『墓と葬送の社会史』（講談社現代新書 p 650）講談社.

森謙二（2014），『墓と葬送のゆくえ』吉川弘文館.

八木透編（2001），『日本の通過儀礼』思文閣出版.

柳田国男（2014），『葬送習俗事典』河出書房新社.

山下重民（1898）「葬儀論」『風俗画報』174　東陽堂.

山田慎也（1996），「葬儀と祭壇」（松﨑憲三編『人生の装飾法』（ちくま新書197）筑摩書房）.

山田慎也（2008），「過程としての葬儀とその効率化」（近藤功行・小松和彦編著『死の儀法』pp.137-147．ミネルヴァ出版）.

二村祐輔（2006），『自分らしい逝き方』（新潮新書188）新潮社.

二村祐輔（2012），『60歳からのエンディングノート入門』東京堂書店.

経済産業省商務情報政策局サービス産業室（2011），『安心と信頼のある「ライフエンディング・ステージ」の創出に向けて　〜新たな「絆」と生活に寄り添う「ライフエンディング産業」の構築〜報告書』経済産業省.
（http://www.somu.or.jp/pdf/data04_keizaisangyosho.pdf）

三菱 UFJ リサーチ＆コンサルティング（2014）『平成24年度特定サービス産業実態調査利活用促進のためのデータ作成とサービス産業動向把握のための調査報告書』経産省委託　pp.88-91
（http://www.meti.go.jp/statistics/toppage/topics/kenkyuShiryo/hokokusho/pdf/h24houkokusho.pdf）

第8章 メモリアルとセレモニー

1. メモリアルとはなにか

（1）「メモリアル」の日本的意味

メモリアル（memorial）は一般に，「記念」と訳される。そのため，メモリアル・ホールやメモリアル・コンサートなどは，直接フューネラルとかかわりがあるわけではない。しかしメモリアル・パークという場合，通常は「霊園」や「墓所」などのイメージが共有されるのも事実である。

本章では慣例的な言葉の使い方の一部として，メモリアルが「追悼」や「思い出」，「記憶」といったイメージをもとに，「死者に対する私たちの想い」という，漠然とした受け止め方をしている現状を前提として議論を進めていく。加えて，ここでは2つの意味で「メモリアル」の語を使用する。

◆メモリアルの用法

①フューネラル施行後の各種の追悼行為（墓，法要，追憶，記念等々）。

②フューネラルにおける「告別式」（社会的対応としてのセレモニー）。具体的には，お別れ会や偲ぶ会などの名称でなされる追悼式やそのパーティーなどを総称して，「メモリアル・パーティー」と呼称する。その施行の内容については後述する。

通常，日本の慣習では，人の死後は「供養」されていく，という概念がある。そしてそれは継続的に行なっていくものとされている。

日本の仏教では，死後 7 日ごとの法要や命日があり，その後，これは年忌法要として一周忌，3 回忌，7 回忌，13回忌，17回忌，23回忌，27回忌，33回忌……と長年にわたって行なわれる。宗旨の考え方にもよるが，おおむね33年間の「供養」期間を一つの区切りとみていることが多い。同時に習俗としては，「弔い上げ」・「法事止め」として，それまでとは作法が変わる。

新谷・関沢（2005）の「弔いあげ」の項には，「最終の年忌に行われる仏事で，17年や33年が多い」（傍点は著者）としている

これは仏事というより習俗的な慣習といった方が良いかもしれない。仏教的な作法に順じているだけで，檀信徒に向けた仏教の経典にはそのような規定は見かけないからである。

一方，神道では「祖霊祭」といい，死後は10日ごとに「霊祭」が行なわれ，「五十日祭」を区切りとしている。その後は「式年祭」として 1 年，3 年，5 年，10年と，以降10年ごとに行なわれる。

キリスト教式（カトリック）では，「追悼ミサ」を死後 3 日目，7 日目，30日目に教会で行ない，1 年後の命日には，記念ミサを行なう。これ以降は特に決められていない。プロテスタントの場合は，ひと月後の命日に教会や自宅で「記念集会」を行ない，茶話会などを催す。以降 3 年目，7 年目の命日にも追悼の記念集会が開かれる。以降は特に決まった集会はない（二村（2015），p.112.）。

これらの死後対応こそ，メモリアル意識の総体であり，それぞれのセレモニーを発動する具体的な行動表現であるといえる。

（2）宗教観と習俗

日本文化は西欧文化と種々の点で大きく異なる点がある。それらの比較は色々なカテゴリーでなされているが，フューネラルやメモリアルに関しては，仏教のコスモロジーが大きく影響している。

西欧のキリスト教社会やイスラム教社会では，これまでの時代経過の中で，互いに信仰の浸透を競争しながら，時に過激に行なってきた歴史なのは周知のとおりである。それらはアジアにも及ぶが，日本の風土の中では，やや他国とは異なる様相をたどることになった。

わが国では，古代より自然信仰やシャーマニズムなどの「神がかり的」な崇拝呪術が行なわれていたものと考えられている。その根底には，遺体や霊魂に対する「畏怖」が混淆していたことが挙げられる。事実，古代的な封印や封鎖儀礼[1]，攘却儀礼[2]，鎮魂儀礼[3]などが執り行なわれていた痕跡が，三内丸山遺跡（青森県）や吉野ヶ里遺跡（佐賀県）など，縄文・弥生を代表する集落遺跡にみられるのである。

　少なくともそのような基層的な文化を土台とした中で，のちに移入された仏教が，順次生活の中に組み入れられていくことになった。そのプロセスで各種の儀礼根拠やその目的が少しずつ変化して，それにともなって私たち日本人の「死生観」も大きく揺らぐようになった。概観すれば，中世からの浄土思想は，来世としての他界観に具体的な色付けをしたためにわかりやすく浸透した。また祈願・祈念を庶民的な現世利益に還元することによって，近世の「講」や「巡礼」など庶民信仰の集団の裾野が広がった。そこに寺請制度の強制が加わって[4]，200年近く続く日本独自の宗教風土が形成された。ここから檀家と菩提寺の強固な関係が構築され，以降，葬祭供養，つまりフューネラルとメモリアルの施行形態が画一化，そしてさらには形骸化していくことになる。

　いわゆる「日本仏教」が「葬式仏教」と揶揄されることに関して，五来は『葬と供養』の冒頭で，次のように述べている。

　　　日本人の「死」にともなう宗教感情とそれを表現する宗教儀礼に日本仏教が関与するのは当然のことであった。「死」こそ宗教の最も大きな課題であり，それを「成仏」や「往生」のような仏教的理念であつかうのが日本仏教であったが，僧侶が死者を成仏させたり，往生させたりする自信を失ったとき，日本仏教は葬式仏教になったのである。（五来（1996），p.5）

　現代フューネラルやその後のメモリアルは，仏教という名の「作法」を習俗化して，あるいは「利用」して行なわれていると言ってもよい。このため日本ではそれらの行動や所作，慣例の細かな点についてはほぼ不問であり，宗教にかかわらない独自の「メモリアル風土」を有しているといえる。

　教義的に「極楽浄土」や「天国」，あるいは「地獄」などの具体的な他界観

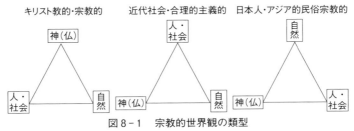

図 8-1　宗教的世界観の類型
出典：宮家準（1989），『宗教民俗学』東京大学出版会，p.366「宗教的世界観の類型」（R. Redfield）をもとに著者作成．

が説かれても，それらは一時的な信仰心の目的としては機能するが，一番大きなこだわりは習俗観である。そこから見えてくる他界の観念は，無数に拡大していくとともにその反面，「草葉の陰」など，きわめて身近な隣接感とも同時に感応しているのである。

メモリアルを考えるときに忘れてはならないものに，このような習俗観を前提にすることが必要である。

（3）基層文化

日本的なメモリアルを考察するうえで，私たちの潜在化にはどのような「無意識」が存在するのだろうか。次にその点について検討する。

葬制・墓制について日本で検証できるのは縄文時代からである。それらの多くは埋葬の痕跡であるが，すでに縄文前期後半（約6000年前）以降，集落遺跡の一定場所に墓地の敷設が認められる（勝田（2012）による）。これらは定住が継続的なったここと関係づけて分析されている。

仏教は6世紀に公伝の記録（このことは『日本書紀』などに記述がある）があり，以来，庶民浸透が緩やかになされて庶民の葬制や墓制に具体的な影響が現れるのは，中世以降となる。

古代葬送の遺体観や霊魂観は，後に「ケガレ」観念となって体系化されたが，その根底的な対応呪術を仏教は巧みに取り入れ，神仏混淆の中で修験道のように庶民救済のための「行者」も現れた。このように庶民化した日常生活の中での仏教は，その基盤である「深層的な意識」に内在する「死生観」をなるべく

わかりやすく具象化した解説を説話や法話として，誰もが共通して，違和感なく受容できる感性を育んできたのである。

死生観については，3つの感性があり，その一つは「霊魂観」であり，その霊魂の行く先としての「他界観」がある。それは「この世」から向かう「あの世」という次元が，言葉の上でも普遍的な観念であり，その「あの世」から更新して，再び「この世」に舞い戻る願望こそが日本人の死生観の根底をなすものであろう。それを基層文化に置いているのである。

そこでは，仏教もいわば外来文化であり，その受容は基層文化のなかで加工されて表層へ浮上する。そこで象徴化されたセレモニーの進行や所作，または儀式具などの発展変化はその経緯を眺めておく必要がある。

基層文化はきわめて潜在的な文化で，その民族では意識されない生活哲学として，暗黙の了解の中に存在する。特に日本では言葉ひとつとってもそこに「言霊」という，語らない禁忌もいまだに強く残存している。

儀式の象徴性における源泉がここにある。メモリアルに関してもそのような暗黙の精神性が共有されていることを前提として意識する必要がある。現代でもフューネラルにおける遺体対応のほとんどは，この基層文化で培われた「観念」で構成され，その対応が今でもなされている。封印・封鎖・攘却・鎮魂などのための結界敷設（しめ縄・鳥居・顔面白布・納棺など）や火葬までの一連の行為は，衛生的な処置対応ではなく，基層的な死生観をもとにした行ないである。行為の動機や意識の根幹を見据えなければならない。

縄文・弥生の「甕棺」が現代では「布棺」と，素材が変わっただけで，納棺自体の行為は変化がない。遺体の遺棄や浄化に関しては，風葬や土葬が火葬に変化しただけで，遺体の浄化，遺骨化の本質はいささかも変わっていない。霊魂に関しても，五来重の示す「凶癘魂」からの「祖霊」化は，彼の著書『葬と供養』（東方出版，1992）の大きなテーマであるが，そこでは基層的に霊魂の不滅と永続性を来世で獲得できるという共有意識を背景として，各種の葬制・墓制の儀礼を解明している。

基層文化は他の時代区分とは大きな差がある縄文弥生の長期間にわたる営みの中で熟成され，民俗の中で DNA 化された。フューネラルやメモリアルのビ

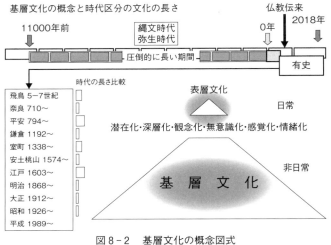

図8-2　基層文化の概念図式

出典：著者作成

ジネス的な観点もそこから見開かれていかねばならない。

（4）墓の現代的意義

　メモリアルの中身を解析していくと，その中心的アイテムの一つに「墓」がある。

　亡きあとは，多く墓に「眠る」とされ，もっとも安住できる場所こそが「墓」という意識もある。墓が破壊されたり汚されたりすることを，どの民族も嫌う。墓は神聖な場所という観念も共有できる民族意識である。現代でも国家元首は，まずその国の戦没者などの霊園に参拝するセレモニーから，政治的な交渉をはじめるのである。

　フューネラルにおける多くの儀礼は，いわば故人を墓に納めるまでのプロセスでなされる「通過儀礼」である。墓に納められてからの対応は，墓の維持管理を含めて「供養」という概念でなされ，これまで伝統的には「家」の存続と連動してなされてきた。

　しかし，「家」の根幹をなす承継者の問題は，供養の「後継ぎ」を子に託せない事態となったのである。1990年発表の出生率は1.57となり大きな反響を呼

（5）
んだ。

　すなわち，「家」としての構成が成り立たなくなったのである。では養子を
とるかといえば，森の調査での「家意識」のなかで，養子縁組への希望に関し
て1953年から2008年の間では，全体として74％から21％に減少している（統計
数理研究所「日本人の国民性調査」）。そして，その間の1990年頃に，縁組希望が
50％以下になっている。この現象から森は，墓や供養などメモリアルに関する
意識を大きく変化させた一因になっているのではないかと指摘している（森
(2014)，p.14より）。そうなると，これまで培われてきた墓の意味が「家」を基
盤とした「先祖祭祀」の場ではなく，「私」の死後祭祀をどのような形で遺し，
あるいは遺さないで，供養はだれに託したらいいのかという不安をともなった
意識に変化したといえるだろう。

　小谷（2000）は以下のように述べている

　　　いまや，先祖祭祀は「故人祭祀」の性格を持ちかってのような規範や道
　　徳的ではないし，イエの精神的な結束をうながす手段でもない。（p.55より
　　抜粋）

　このような現状変化から墓の機能は大きく2つの意識が交差しているといえ
る。

①遺骨埋葬または収蔵の場としての墓
　　……個別性や不特定性（合祀・合葬など）での遺骨処置
②「私」にとってのメモリアルの場
　　……個人的または社会的（慰霊碑など）でのモニュメントまたはアイテム
　　　　※遺骨の有無は不問

◆墓の法律「墓地，埋葬等に関する法律」（通称墓埋法，抜粋。文言は原
　文を一部分省略した）
第1条

> 墓地，納骨堂又は火葬場の管理及び埋葬等が，国民の宗教的感情に適合
> し，且つ公衆衛生その他公共の福祉の見地から，支障なく行われるこ
> とを目的とする。
>
> 第2条
> 4項　「墳墓」とは，死体を埋葬し又は焼骨を埋蔵する施設をいう。
> 5項　「墓地」とは，墳墓を設けるために墓地として，都道府県知事の許
> 　　　可を受けた区域をいう。
>
> 第3条
> 埋葬又は火葬は死亡後24時間を経過した後でなければ，これを行つては
> ならない。
>
> 第4条
> 埋葬又は焼骨の埋蔵は，墓地以外の区域にこれを行つてはならない。

2.　メモリアル・ビジネスのアイテム

（1）墓と納骨堂

　具体的なメモリアル・アイテムとしての墓は，おおよそ100年から150年ほど
の周期をもって変化している。明治以降，今はその変化期を迎えている。前述
したように「先祖祭祀」から「故人祭祀」に変化したことで，ハード面ではこ
れまでの墓石建立における刻字なども「先祖代々の墓」，「〇〇家の墓」から，
最近では「愛」，「想」，「夢」，「感謝」など，漢字のイメージやメッセージなど
に移りはじめた。また区画墓地に墓石を建立する形式そのものも，納骨堂や合
葬墓としての不特定多数による区画共有などもあり，それぞれがメモリアル・
ビジネスとして「新しい供養」の提案をしはじめている。

　一般的に墓は露天の場所にあるが，施設内の墓としては，納骨堂に代表され
る。

　類型的には，市町村自治体が所有し，すべて行政管理（役所）で運営を行っ
ている公営の霊園，そして公営以外の宗教法人，公益法人，地域組合などが経

営母体になっている民間霊園や境内墓地，共同墓地，納骨堂などがある。

遺骨の収蔵形式では，これまでの「家墓」は「総墓」と呼ばれ，家族・血縁者の遺骨を複数納めている。その遺骨の多くはいわゆる「骨壺」など，個別の拾骨容器に納められていることが多い。区画墓地では区画地下に「カロート」と言われる収蔵場所があり，そこに安置される。ただこれも地方習俗により，区画の中に遺骨をあけて，まさに「埋」葬するところもある。そのような地域は個別収蔵ではなく，土葬時代の名残か，伝統的なその地域の埋葬慣例といえる。なお，個別収蔵でない場合は，あとで遺骨の判別をすることができない。また，最近では区画を明確にしない「芝生墓地」などもあり，霊園の公園化が大きく反映されている。

納骨堂は遺骨安置や収蔵方法がさまざまで，そのデザインや利便性を大きくアピールすることが，最近のメモリアル・ビジネスのトレンドになっている。けれどもその建立や経営母体となることは民間企業には許可されないので，宗教法人名義での建設が多く，企業はその販売委託や管理委託を請け負うことをビジネスにしている。

都市部で墓を持たない人たちは，子供らに面倒をかけず，また自身の安心感を得ておくため，生前に入手する人も多い。そのためにさまざまな「終えんビジネス」（葬儀・仏壇・整理・在宅支援等々）を墓の購入と連動して多角的に展開しているニュービジネスも盛んになっている。

米国では「プレニード・フューネラル・アレンジメント」と呼ばれる，生前予約や契約のシステムなども広くビジネス化している（小谷（2000），p.128）。今後は日本でもその傾向が一段と拡大していくことが見込まれる。

◆遺骨の管理手法からみた類型
・永年管理：期限を定めないで管理する（管理費の設定や前納などに注意）。
・期間管理：一定期間（通常は年単位）で管理・保管を行なう（契約期間後の対応に注意）。
◆供養形態からみた類型
・個別供養：特定の故人に対して，特定の宗教的対応で供養を継続していく。

写真8-1a,　8-1b　墓石建立型

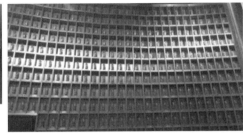

写真8-2a,　8-2b　納骨堂型

写真8-3　壁墓地型

写真8-4a,　8-4b　樹木墓型

第 8 章　メモリアルとセレモニー　171

写真 8 - 5 a , 8 - 5 b　散骨と手元装飾
出典：以下，本章内の写真は，特記以外すべて日本葬祭アカデミー教務研究室．

・合祀供養：不特定多数を一括して，一定時期に慰霊祭などで追悼祭祀していく。

◆墓所の形態
・墓石建立型：従来のお墓→境内墓地・霊園・共同墓地で建立。
・納骨堂型　：安置の形式や管理，デザインなど多種多様。
・壁墓地型　：墓石建立の簡易的な形式で都市部の寺院境内や霊園に多い。
・樹木墓型　：合葬（管理）・合祀（供養）などで最近は公営や民営もある。
・部分散骨型：故人遺志で散骨などを施行し遺骨の一部を納骨するもの。
・手元装飾型：散骨等の際，一部を室内安置やアクセサリー化して身近におく。

（2）寺と墓

　メモリアル・ビジネスの視点から，「永代供養」を「売り物」にした寺院が続出した。これは承継者のいない人や「子供に『供養』負担を強いられない」とする人も出てきたからである。

　本来檀家と寺の関係は，葬儀時のいわゆる戒名を授与された時点で，以降，供養の主体的な責任者は「導師」にあるとされ，住職はそのために歴代の承継をもって寺を維持し，寺が維持されていく限り，供養は長く継続されていくことになる。檀家はそのために当然，なかば義務として菩提寺の安泰を支援していく。これがいわゆる「永代供養」という暗黙の了解事項であったのだが，寺壇関係が希薄になり，供養の意味と意義が説明されなくなり，それでも制度化したような形骸化の中で，多くの人はその供養の価値を見失ったと考えられる。

世代間に惰性的に受け継がれてきた菩提寺との関係性は，今，過渡期を迎えている。現状では境内墓地からの「改葬」による「離檀」（寺壇関係の解消）が増加し，特に地方寺院の衰退が懸念されている。鵜飼（2015）は，限界集落など地方の疲弊が点在する寺院の活動や継続維持にも多大な影響が出て，その著書のタイトルのごとく『寺院消滅』を警告した。冒頭で「寺が消えることは，自分につながる"過去"を失うことでもある。」（p.9）と述べているが，このことからも，寺と墓は，一体のものとして機能していかねばならない。

新しい関係性を模索している寺院もある。住職の世代交代で寺を開放し，いろいろなイベントや地域活動をしている住職もいる。いずれも，これまでのような由緒主義的な権威は時代に添うものではない。むしろ墓守，供養者としてその使命を再認して，そこに「家」ごとではなく，それぞれの「個人」に対しての社会関係性を結びつけていくことが必要である。

習俗感性は，供養をメモリアルと言い換えても，基層文化の中で如実に受け継いでいきたいと思っている（二村（2012）による）。

檀「家」ではなく，信徒やメンバー，サポーターなど，新しい関係での寺壇関係の構築から，メモリアル・ビジネスの価値が進展されていくのである。

◆エコな墓所® 高崎市圓福寺 庭園墓所

境内墓地の一画に，紙製（達磨の張子を作るような厚紙）の骨壺を埋葬する。当初は小さな木切れを墓標とするが，数年後にはその墓標も埋葬した遺骨も

写真8-6a，8-6b　庭園墓所と紙製の骨壺

第 8 章　メモリアルとセレモニー　*173*

「土に帰る」ことになる。自然回帰の半散骨，合祀墓である。寺ではジャズのコンサートなども開かれ，あらためて地域との社会関係性を模索している。

（3）仏壇と神棚

　戦後70年以上が過ぎて，日本人の失ったものの中に仏壇と神棚がある。これまでの家では，仏壇と神棚を祭祀の場として生活と一体化した素朴な信仰がなされてきた。

　わが国では，神道や仏教のボーダレスな時代が長く続いてきたが，1868年の明治維新の際，古来の神仏習合を厳密に分離した（神仏分離令）。それにもかかわらず一つ屋根の下，神棚と仏壇の共存は最も日本人が大切にしている心象の根源でもある。

　宮家（1989）は「生と死の儀礼の構造」の解説の中で，この世での通過儀礼とあの世での祖霊化に関する儀礼を示した。人の成長や人生の節目には，「擬死再生」のモチーフから各種の「儀礼」を「式典化」させて社会を巻き込んだ行事にしていることもそこに集約されている（図8-3）。

　この図式の最も重要なところは，人生儀礼を俯瞰的に眺めて，それぞれが対比できるところである。生と死はそれぞれに「見立て合う」ことができ，メモリアル・ビジネスの発想はこのような視点から「なぞらえていく」ことが求められる。

（4）お斎と直会

　儀式が儀礼の集合実施であることは前述した。特にフューネラルの場面では，儀式を行なうために4つの要素が必要である。

　第一には，儀式を行う「空間と時間の聖別」である。これは古来「結界」を境として空間を日常と非日常に分離している。社寺建築やその内陣配置は，このような意識の変性意図を凝縮したなかで，空間を聖化させている。

　次に時間の区切りは，「宣言」による。開式や閉式の辞は「ご案内」ではない。時間の聖別のための「言挙げ」，つまり宣言と意識せねばならない。

　その後，聖化された場に司祭者が立ち入り，「勧請や鎮魂の儀礼」が行なわ

174

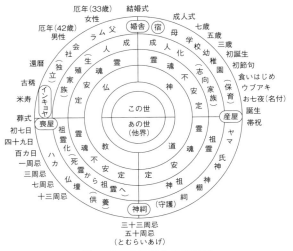

図8-3 人生儀礼の俯瞰図
出典:宮家(1989), p.161, 図30.

◆円の図式の解説
①出産から子供の成長時における通過儀礼と死者供養の対比
　　　出産をする場所　産屋　＝　喪屋　死者を安置する場所
　　　　　　　　産湯　産着　＝　湯灌　死装束
　　　初宮参り（五十日）産明け　＝　忌明け　四十九日忌法要
　　　　　　　　　　　　初節句　＝　初盆　新盆
　　　　　　　満一歳誕生日　＝　一周忌法要（祥月命日）
　　　　　　　七五三の宮参り　＝　三回忌・七回忌・十三回忌法要
　　　　　　　　「子供養育」　＝　「供養」（二文字で言い表す）
　　　　婚儀・婚礼と披露宴　＝　葬儀と告別式
　　　　婚姻をもって「成人」　＝　三十三周忌をもって「成仏」
②習俗では没後33年の供養を経て「弔い上げ」となる。その後，祖神として祀られ，これを「ご先祖さま」という。先祖は一族の神（氏神）であり，また風土の守護や豊饒を導く山の神・田の神・道祖神として，村では折々に祭礼を果たしてきた。あわせて出産育児に対して，祖神は産土神として，子供の守護神となる。
③円の図式を「縦」に分けると，右半分が「神さま」の領域，左半分が「仏さま」の領域となる。神棚と仏壇の共存に違和感はなく，それは私たちの豊かな習俗感性でもある。
④円の上半分が「この世」。下半分は「あの世」という素朴な「他界観」を有している。そしてこの世を「半生」とし，あの世を「後生」として，この円の成就を目指す。この円全体が，実は私たちの「一生」である。これも私たち独自の「死生観」であり，仏教的な輪廻転生とも異なる「再生観」の表出でもある。
⑤先人は誰もが「隠居」という生活様式の中で，来るべき残り半分の「後生」に備え，生前から憂いのないように，自分の「一生」（半生＋後生）を，完結できるよう「世代責任」の全うを心がけたのである。

第8章　メモリアルとセレモニー　175

れる。精進潔斎した同席者はその司祭に従って，「祈願・祈念を黙して念ずる」。

　そうして最後になされる儀礼は，「共同飲食」である。これを「共食」という。

　フューネラルの場では，「通夜振る舞い」から「精進落とし」などの会食場面が多々あるが，その原意はこの共食にある。決して「接待」や「慰安」ではない。

　現代では，その要素が拡大して普及しているが，メモリアルの飲食提供の場の原理を理解することで，いわゆるメモリアル・パーティーなどのバンケット対応のアカウンタビリティが構築され，その宴席の付加価値が向上する。

　共食の原意は，神仏，フューネラルやメモリアルでは故人の霊魂に供え，同一空間，同一時間で同席した一同が，供えられたものと同じ食物を口にするという，きわめて呪術性を有した霊的な背景のもとに施行されている崇高な会食なのである。

　これらの会食は地方の慣例呼称もあり一律ではないが，特に「お斎（おとき）」という名称で包括されている。「精進落とし」というのは忌明け（一般的には49日忌）の際，精進食物から日常食への復帰を意図する会食であり，同じく「直会（なおらい）」もまた非日常的な祭礼行事の終了後，日常復帰のための「直し」の席である。

　このように会食の真意を理解したうえで，これまでの穀物信仰など聖性を持つ食物（米や餅）などをアレンジした，新しい「メモリアル・フード」のデザインも望まれる。同時にそれはメモリアルにおける飲食サービスの大きなビジネスの手がかりとなる。

◆フューネラルやメモリアルのバンケットとして

　・通夜振る舞い：「通夜」は古儀的に，生死の境をさまよう魂の，「呼び戻し」という原意もあり，夜を徹しての見守りとその饗応がなされる。それは決してしめやかなものではなく，「振る舞い」の言葉から読み取れるように，本来「にぎやか」になされるもので，共に「ご馳走」や酒をふんだんに食

することで，「魂呼ばい」や「魂ふり」を行なう再生儀礼
である。

・出で立ちの膳：地方慣例の一つ。葬地へ赴くとき，餅や団子を食して，食
い別れをする習俗と，ケガレ防御のためにあえて「なまぐ
さもの」を食すという慣例もある。

・精進落とし　お斎　仕上げの膳
：現代的には会葬者に対する「ご接待」や関係者に対する
「慰労」の色彩が強い。かつて，そこでは「赤飯」などの
「ハレ」（非日常）の食物も饗され，葬送儀礼には赤飯や餅
は付き物であった。それは霊魂に対する「防御」的な力添
え説もある。

3.　メモリアルとセレモニー

（1）年忌法要と記念日

仏式の慣例に従うと，法要は月ごとの「命日」（逝去の同日）や年ごとの
「祥月命日」（逝去の同月同日）に行なわれる追善の法会である。特に一周忌や
翌年の3回忌くらいまでは，他者を招いて行なわれることも多い。3回忌を逝
去後2年目に行なうのは，旧来の「数え年」を踏まえてということであるが，
基本的に供養は前倒しで行なうのが良い，とするのが仏事の慣例である。

この他に日本全体の「供養期間」として春，秋の「彼岸」や7月，8月の
「お盆」も，休日や休暇と連動しているので，お墓参りや帰省の時期として今
も定着している。

一般的に年忌法要のセレモニー概要としては，以下のような流れになる。

1：菩提寺本堂などでの法要
2：塔婆などをいただいて，境内や霊園などそれぞれの墓所へ移動。
3：墓前追悼（一連の所作として，墓所の清掃・生花・供物のお供え・線
香，燈明の手向け・合掌，拝礼・僧侶同行の際は墓前読経，後片付

け・散会）

4：ここで解散。その後会食などをすることも多い。

　前節で述べたように，今はビル型納骨堂や樹木墓地など，お墓の形態もさまざまで，直接，墓前に集合する場合もある。また無宗教的な施行もある。霊園によっては休憩室や専用の法要室，会食室などの設備もある。

　おおむね7回忌以降は内々の家族だけで済ます傾向もあるが，現代では身近な家族でさえ，このような機会でもないと集まらない時代である。その意味からも，メモリアルには，故人を中心にして生きている私たちが集い，思い出を共有することで，つながりを再認する機能がある。

　最近では，仏式だけの慣例に頼らず，「記念日」を設定して，年忌供養に代わるメモリアルを構築しようとする考え方も出始めた。

　メモリアルの効用は，日々生活の中で故人を気にかけることで，故人との思い出や時間の共有や経過を改めて見直すという，精神的な追想をうながし，日々日常から少し離れしみじみと死後の逝く末などを考える機会でもある。あわただしい日常の中では，「余裕」を持った思考の時といえるのではないだろうか。

　墓参や年忌法要の追悼は，それを共有できる家族や友人らと共に，改めてそのつながりを確認する場でもある。そこで大切なことは，決して死が最終的な結末ではなく，それを境にまた継続されるべき私たちの行為や気持ちの集約こそ，メモリアルの大きな発動となっている，ということである。

　年忌法要という伝統慣例を，私にとっての「記念日」と置き換えて，数年ごとに行なうことも人生の潤いである。その中心的な存在となるものは，やはり会食であろう。ここにメモリアル・バンケットの考え方の源流がある。そうしてこれらの集まりは，必ずしも墓参りと連動する必要はなく，一定の間隔で継続的になされるのを理想とする。

◆事例研究①：M子氏施行の「夫○○を想う会」セレモニー式次第（一周
　　　　　　忌として）

日時　対外的な出席者の都合を優先して，日曜日など休日利用。事前案内で出欠確認。

場所　アクセスのよいレストランの個室を貸し切り（20名）で，約2時間30分。

設定　大型モニター設置と簡単な花飾り。5人掛け丸テーブルに着席でコース料理。

一：主催者（施主）開式と挨拶

一：献花（順不同）

一：友人代表挨拶　献杯

一：会食　故人の好きだった銘柄のワインを中心としたイタリア料理
　　　　　モニターにて思い出のスライド放映

一：自由懇談　参列者の思い出話など

一：親族代表挨拶（故人の弟）

一：施主　御礼挨拶

一：散会　簡単なお礼状とケーキ

写真8-7a, 8-7b　想う会の状況

　この時参列者には「お花代」として一律1万円の会費を頂き，後日お墓参りの際の供花代にも充当させていただく旨を案内状に明記した。御礼状には故人の後ろ姿の写真があり，大変印象深いものであった。

（2）メモリアルの空間と時間

　メモリアルのためのセレモニーに，遺族親族以外の友人や知人が参加すると

き，そこでのメモリアル・セレモニーは決して個人的なものではなく，故人の記憶を共有する人がいて，そこに社会性を見出し，その社会関係性を前提としたメモリアル・セレモニーのあり方を考えておく必要がある。

追悼だけならば，その英訳 mourning となるが，これが追悼会になると memorial service となる。service は奉仕の意味合いであるが，これは故人に向けた奉仕ということになる。

メモリアルのセレモニー空間は，死別に近い時間ほど悲しみが反映され，慰霊や遺族への慰撫が強く配慮されるが，それは遺族自身や関係者の社会関係性の更新や復帰をうながすプロセスとなる。

死の受容は直接の遺族だけではなく，関係者の精神的なショックもあることを忘れてはならない。遺族ほどの悲嘆は少ないかもしれないが，それぞれが平常な日常への復帰や回復がなされるには，相応の時間を必要としまた把握しておきたい定型的な心理変化もある（下記，「悲嘆のプロセス」参照）。

そのために，フューネラル後の各種メモリアル対応には，追悼と追憶が入り混じった空間であることを意識しておかなければならない。悼み悲しむ場面に浸る場でもあり，来場者らと思い出を楽しくたどる場でもある。

特に宗教的な信仰を抱いていない人々にとっては，肯定的，固定的な他界観を持ちにくい。多くの日本人が漠然と曖昧に共有している他界観こそ，誰も語らないが普遍の深層にある。素朴で独自の供養観を「社会的現実」として抱いているのである。社会的現実とは，私たちが現実世界に対して抱いている信念で，確かにそういう他界があるのだろうというような死生観である。それは一定の範囲の人々の間では，供養に関しての判断や行動の際に一定の基準となり，広く「通念化」していることを理解しておきたい。

またその通念は，季節感なども相応に結びつき，死生観を形成する大きな要因となっている。

日本では夏の「お盆」は仏教的な作善を超えて，庶民のバケーションあるいはレジャーシーズンと化しているが，本質的な先祖供養は娯楽化してもなお，その形としての踏襲は綿々となされ続けている。迎え火や送り火としての「花火」や「大文字焼き」などはまさに供養の風物詩であり，阿波踊りをはじめと

する盆踊りの類もまた,「鎮魂」や先祖, 精霊に対する「安寧」の祈念である。春の予祝儀礼や秋の収穫儀礼とは異なる趣が夏の行事には多い。特に「盆行事」は日本的メモリアルの典型的な原風景である。

◆悲嘆のプロセス概要

　E・キューブラー・ロス（ドイツの精神科医で『死ぬ瞬間』などの著書がある）は, 大切な人を亡くした方の悲嘆回復を5段階のプロセスに分けた。

　　第1段階：「否定と孤独」…死別への衝撃で否定の感情が強く, 焦りや無力, 不安感が襲う。
　　第2段階：「怒り」…否定・否認の感情から他者に対する怒りや恨みなどの感情が表れる。
　　第3段階：「取引」…死という不可の結果を何とかできないかと葛藤する自身との交渉段階。
　　第4段階：「抑うつ」…部分否認から事実の容認を覚悟せざるをえなくなる喪失感の最大の段階。
　　第5段階：「受容」…死を受け止められるようになる段階。

　このような段階を, 人それぞれ前後しながら悲嘆を回復していく。そうしてその後, 立ち直りを目指して, どこかに希望を得ようとする。各種のメモリアル対応は, その手がかりを投げかけていくものでもある。

（3）追悼と祈願

　大きな災害などの後に, 被災者のために慰霊祭や追悼式が合同で行なわれ, また慰霊碑や記念碑が建立されたりして, 災害の記憶を教訓や戒めとして次世代につなげていこうとする。同時にそれらの被災者は「不本意」ながら亡くなっていった人たちであるため, 主導的な意図は「慰霊」である。

　日本人の死生観の一つに「罪業観」がある。五来（1996）はそれについて葬の原理を「滅罪」にあると述べた（p.869）。フューネラルの中の葬儀においては, 鎮魂や霊魂の浄化がなされるが, 鎮めることは生前の罪穢を消滅させるこ

とで，浄化も同じく滅罪を前提とした儀礼理念の一つである。

　追悼のセレモニーを俯瞰すれば，多くは，黙とうの祈念の後，故人に対しては安寧の「祈念」と「慰撫」が繰り返され，私たちは同情の真意を表明し同調（シンクロ）させていくのである。そしてセレモニーのしめくくりの多くは，誓いの言葉として，過ちを繰り返さない旨を述べるのである。これは遺されたものの社会的な罪業意識を自覚しているともいえる。ここでもメモリアルのセレモニー施行は，その目的として社会全体に向けて，将来への安泰を共に祈願しているのである。キリスト教社会に見られるような神と個人との関係での「原罪」意識は薄いが，日本では「世間」に対して，法や制度を超えて社会全体が誓うという構図になっている。

　そのような基層文化に根差した意識は，各種のメモリアル・ビジネスにおいて，忘れてはならない深層意識である。現状のビジネス対応がハードの改善やサービスの表面的な向上を目指しているが，有形要素だけに品質の向上を傾けても，メモリアルの心理的な確信性は得られない。この点が「生きている人を対象にしたホスピタリティ／サービス」と「目に見えない存在」を対象化したホスピタリティ／サービスの違いである。

　メモリアル・サービスの俯瞰的な考え方は，古代からの基層的な意識を持つことで，サービスの対象やその目的や手法の背景から類感させるものがあり，またその説明責任が果たされることで価値が形成されているのである。

◆和魂と荒魂

　字の如く和魂は和やかな魂であり，荒魂はすさんだ魂である。古人は人の死に対して同じ魂が供養の経過とともに変化する様子をこのように見立てた。人は亡くなるとすぐに「この世」から「あの世」へ行けるわけではない。とても不安定なところに放り出される。この時の荒魂を「死霊」といって恐れた。食物を捧げ，「依り代」を作り，また歌舞音曲を奏でて慰めをする。結界（魂の領域）を作り，日常ではない空間で安らかな安置を施す。そうすることで，死霊から「精霊」となってあの世へ行き着く。

　メモリアルは精神的には魂が結ぶ「交流」の機会である。その都度，魂は成

写真 8-8　毎年行なわれている「新盆慰霊式典」
出典：鹿児島市㈱吉田葬祭

長しやがて安定した穏やかな魂，つまり和魂となって今度は私たちを見守ることになる。これが祖霊，先祖神である。

(4) 共同飲食とホテル，バンケット

　告別式を社会的なメモリアル・セレモニーと位置づけて，その対応や目的をそれぞれ一覧にした。施行は無宗教的な進行を前提としている。ここでは「共食儀礼」を一つのセレモニーとして3つの選択肢の組み合わせから検証してみる。

　手法というのはセレモニーの進行における主体的な要素である。生花やメモリアルグッズの展示などは祭壇の意匠となる。献花や献灯などは哀悼表現の手法選択であり，音楽も「献奏」という手法と，参列者同士で共有できる拝聴も故人を偲ぶ気持ちを発露させるものになる。最近ではCDなどの機器音響ではなく，生演奏で演出する場合もある。著者がこれまで実際にプロデュースした中では，琴や尺八などの邦楽や弦楽四重奏などのクラシック演奏がある。シンセサイザーや電子ピアノなどの演奏より，やはりアコースティックなもののほうが感動を得やすい。料理や歓談としたが，これも単に「ご馳走」の接待ではないので，なにかしら意味づけのできるメニュー構成がもっと工夫されてもよい。また料理ということではなく，ケーキとお茶などの茶話会形式でも十分対応できる。

　そして会場である「場」の雰囲気は，大きな印象要素である。これまでにな

第8章　メモリアルとセレモニー　*183*

表8-1　共食儀礼の選択肢

手　法	施行場所	目　的
生　花	斎　場	追悼・追善・追想・追慕
音　楽	寺　院	歴史・自分史
展　示	ホテル	お礼・感謝・表彰
飲　食	宴会場	友好・交流・更新
歓　談	自　宅	宣伝・表明
献　花	自　然	追善・布施・チャリティ
献　灯	船　上	
イベント各種		
その他	その他	その他

出典：日本葬祭アカデミー教務研究室「葬祭カウンセラー
　　　テキスト」より．

かったような雰囲気の葬祭ホールも最近は増えた。フューネラルの一環として，場面を区切ってその場所で行なうこともある。ホールの多くは専用の会食室を設けているが，そのほとんどがホテルや専門のバンケットホールに及ぶところは少ない。そこでレストランやホテルの宴会場は「場」として，他の設備を含めて最適であろう。葬祭ホールとの一番大きな違いは，料理の自社調理が可能かどうかで，葬儀社のほとんどが外注のケータリングを委託しているのが現状である。逆に，優秀なサービススタッフや的確なプロデュース進行，ケータリングの品質が高ければ，「場」の設定は自由にアレンジできる。そして肝心なことは，施行の「目的」である。表8-1に列記したように，いろいろな目的を複合させても，施主や主催者にこのセレモニーの目的意識が明確化され，共有されていることがなにより大切である。

　これら手法，施行場所，目的の3つの事項を複合的に結び付け，人生の結末として「その人らしい」施行を，故人が生前に，あるいは遺族や関係者が故人の想いをつなげて自由に発想して行なわれることに意味がある。

　告別式が社会的対応であることから，これまでのように葬儀，告別式を一連のものとして「同時進行」で施行するようなゆがんだ合理性に気づくべきではないだろうか。

写真 8-9 a, 8-9 b　ホテルでのお別れ会の事例
ビュッフェスタイルの会食と弦楽四重奏による『献奏』の場面

◆ホテルやバンケット施設の改善点
　◎担当・配置スタッフなどメモリアル・バンケットの教育不足
　◎「葬」に対する潜在的な忌避感がある
　◎遺骨や位牌の持ち込みなどについての知識欠如（持込みの必要がない）
　◎メモリアル・フード（セレモニーにふさわしい食物）のアレンジがなされていない
　◎生花・ギフトなどが固定的な対応で，クライアントの自由が利かない

4. メモリアル・ビジネスの展開

(1) 要望と希望

　フューネラルにおける相談は，現在では，事前相談と直前相談，事後その場相談，そして施行後相談に大きく大別される。なかでもメモリアル・ビジネスの発端としての事前相談では，ブライダル・ビジネスで対比させた「プレ・ブライダル」と同じく，クライアントに対してさまざまな選択肢や提案をすることが可能である。しかし，現状ではこのメモリアルに関して，特に葬儀や告別式，あるいはお墓に加えて寺壇関係などの一般的知識が，きわめて少ないといえるのである。
　これまでは冠婚葬祭の常識的な枠組みや「通念」によって世間的な照らし合

わせの中で判断され，世間的に「滞りなく」ことを進めるのがなによりも大切なことだとされた。しかし現在のメモリアルは，「私」の要望や希望によって施行されていくことが望ましいとされているトレンドがあり，この言葉についても曖昧にしておくことはできない。本書ではメモリアルの進め方において，以下のように定義しておきたい。

「要望」とは，要請されるべき最小限の申し出である。

　費用の省力化や労力的な負担の軽減などから，葬儀規模の縮小などを望むような対外的配慮を主に考えた申し出である。これらは家族に対して，あるいはフューネラルにかかわる企業に対してのビジネス的な要望としてなされるものである。

これに対して，

「希望」とは，求めうる最大限の申し出で，その実現の可否とは関係がない。

　つまり，できることなら，を前提とした「私」の想いである。できることならば，多くの人に見送られたい，できることならばお花でいっぱい飾ってもらいたい，できることなら…など，実現の可否とは関係のないまさに「希望」である。「夢」と置き換えてもよい。だからといって，施行不可能なことばかりではなく，第一に費用面で対応できるものも多い。このため，フューネラル施行が無駄なものとされるような価値観が蔓延すれば，おのずとその希望は縮小し，要望に変化する。

　メモリアル・ビジネスにおけるカウンセリング，プロデュースでは，希望の聞き届けと希望に沿った提案が何よりも大切である。この「要望」と「希望」の言葉の使い方を意識して，新しいビジネス提案をしていくことが切望されている。

◆フューネラル・プロデュースの課題として，会葬者10名（家族・近親者の

み）での母のフューネラルを例として考える。

規模は小規模でよい。できれば施行場所は自宅でも良い。予算は母の希望で1千万円をかけたい。子供たちも了解している。さてどのようなメモリアルの提案ができるか？

・祭壇を豪華にする……どのように？
・料理を豪華にする……どのように？
・会場を高級にする……例えば？
・品質の良いサービスを提供してもらう……どのような？

（2）メモリアル・パーティー

表8-1で，手法や会場，目的に関して自由で複数の選択ができることを学んだ。そこでここではメモリアルにおける「宴会」について述べる。

メモリアルと「食」のかかわりは，本書では儀式要素としての「共食」として前に述べたとおりである。ここで，儀式食としての供物や呪術的な共食などは霊性を要因とした対応であるが，フューネラルにおける「告別式」の要素として，メモリアル・パーティーの構成を提言する。

告別式が社会的対応であることは既に述べた。それを前提にホテルやそのバンケット部門におけるパーティーの実務的進行では，そこにかかわる人たちの知識や意識が現状では未熟である。いわゆる通常のバンケットとしては，数々の会食の宴席や特にブライダルにおける披露宴がその代表的なものである。

ブライダルの披露宴は定型化されたセレモニー手順が構成され，いまではその手順が通念化して，それらの内容を踏まえないとブライダルのセレモニーの充実感さえ満たされなくなる様相であるが，統計的，計数的にもパート，パートの会場別演出などがあまりにも具体的に既成化されている（徳江編著（2014），p.57，図表5-12「披露宴で行われた演出の会場別一覧」を参照）。

特にブライダルでは「婚儀」おける当人同士のリチュアル的儀礼より，「社会的な公示」としての新世帯のお披露目を目的とした行ないの方が重視されている。同じように，フューネラルでも定型化した式次第の中で多くは「通念化」され，それを踏襲することが重要な課題とされた。

近年の施行全体の縮小化から，告別式の社会的意味が希薄になり，その回復を目指すためにも告別式のパーティー化は大きなビジネス要素である。

そこで，バンケットを中心とした会食スタイルでの新しい手法が望まれている。それを「メモリアル・パーティー」として位置づけておく。

一般的には，ホテルや宴会場で葬儀社とは関係なく行なわれることが多く，そのため会場スタッフにおいては，フューネラルとメモリアルを視野においた対応が必要になる。

◆事例研究② 喫茶店での「偲ぶ会」

会場：喫茶店を貸し切り，そこに不特定の方々を招いた。

告知：時間と会場，会費を関係者それぞれが各方面にお知らせ案内として広報した。

主催：故人の友人一同。

演出：司会者（友人）による，経緯説明。参加者を指名して懇話を頂く。
壁面に色々な思い出写真をピンナップ。

飲食：軽食のビュッフェスタイル・喫茶店のテーブル配置とイスはそのまま（写真参照）。

写真8-10 喫茶店での「偲ぶ会」

◆事例研究③ ホテルでの「お別れ会」

会場：都心にあるホテルのバンケット会場。

告知：新聞訃報による不特定多数への公示。

主催：会社・関連企業団体。

演出：司会者（プロ）による進行で，開式，黙とう，弔辞，献花，引き続いて一般参列者献花。

コーナーに愛用品，自著などを展示。

飲食：ランチメニューのビュッフェスタイル，テーブルのみでイスは一部（写真参照）。

写真 8-11a, 8-11b　ホテルでの「お別れ会」
セレモニー空間と連続したバンケット空間（右）の設定によるメモリアル・パーティー

ここでの比較要素は，目的である。

事例②のケースでは，逝去後ひと月以上後からなされた「告別式」であり，まさに故人を偲び，年齢（85歳）と故人の遺志にふさわしい人生の全うの仕方を共有した。

事例③のケースは，事故での急逝であり，葬儀の余韻の残る中での告別式である。そこでは悲しみの共有と慰霊が大きな目的である。参加者の誰もが急逝に驚き，戸惑いを感じている中での参集である。しかし，それらの交流を引き留めて，つなぐためのアイテムがバンケットの敷設である。伝統的なフューネラルでは葬儀も告別式もその見境がきわめて少なく，いわゆるお焼香をすることのみで慰霊の礼拝がなされるが，このようなメモリアル・パーティーでは，飲食を共にすることで参加者同士の新たな社会的交流が芽生えるのである。いわば故人の「霊性」（遺徳・社会的貢献や功績）によって，故人が繋ぐ人的ネットワークの更新機能がある。そのような意識をもって，その宴会意義を形成しておかねばならない。

（3）メモリアル・デザイン

メモリアルは極めて心理的な回顧要素から還相されている。西洋と東洋での

第 8 章　メモリアルとセレモニー　189

写真 8-12a，8-12b　ローマ市 Cimitero Monumentale al Verano 霊園
塑像は死の姿を現している

コスモロジーの違いもあり，また宗教性による死生観の相異も大きな影響を及ぼす。

　ローマ郊外のアッピア街道（古代の石畳道路で有名）の地下には，キリスト教以前の地下墓地がアリの巣のように埋没して迷路のような墓地群が遺跡化されている。

　また，近代における霊園や教会の墓所のメモリアル・レリーフは，故人のデス・マスクや死の様相などをリアルにメモリアルとしてデザインしている。彫刻など，美術的作品としては大きな価値があるが，私たち日本人にはその死へのリアリティに対して違和感を強く感じる。

　近世・近代以降，庶民の墓所に関して墓石デザインの変遷はあるが，決してそれらは芸術的には及ばない。むしろデザインコンセプトは均一である。素材の質や大小，また区画の広さはさまざまであるが，どれも同じような形式やデザインのバリエーションが少ないのに気がつかねばならない。

　日本人的なメモリアル・デザインの大きなコンセプトは，「無個性」である。つまり死をもって「リセット」させていくためには，極力現世からの離脱や逸脱を図って，来るべき「祖霊化」やまたその先にある「再生」を目指していくためには，しがらみを遠ざけていく必要があると考えている。灌頂（かんじょう）や淨めから現世での「垢離」を祓い清め，浄化，昇華して生まれ変わるという民俗観念から考察しても，私たちの文化基盤にあるものはデザインという

言葉とは裏腹に，素朴に個性を開放することになるのではないだろうか。そのうえで，この世でのさまざまな故人人生を振り返ってみるというスタンスが重要である。

「その人らしく」あるいは「私らしい」という表現は，多面性や多様性から見てもそのデザイン的な具体化は実に難解である。また，それは形だけではなく，セレモニー要素としての時間や空間，あるいは「共食」におけるバンケット演出なども，おおいにメモリアル・デザインの対象となる。このような視座からそのデザインを提案するような試みは先駆的な発想といえる。

（4） メモリアル・プロデュース

これまで述べてきたことの総括として，「日本のメモリアル」そして「日本のメモリアル・ビジネス」を今後どのようにアカデミックな観点から照射していくのか，これまで誰も関心を寄せることが少なかった分野を新たに構築していこうとする試みが本章の目的の一つである。

フューネラルやメモリアルは，日本の風土においては「忌避」的な事例で，できれば避け得たいこととしてきた生活文化の一面がある。しかしながら世相は超高齢・多死社会を迎え，誰もが考えないでは済まされない時代の要請として，より良きメモリアルの手法が切望されはじめた。そこでメモリアル全体をプロデュースする視点こそが，より良き人生のコンプリートであると確信し，ライフデザインのエンディングを踏まえて，これまでにない視点から教育やビ

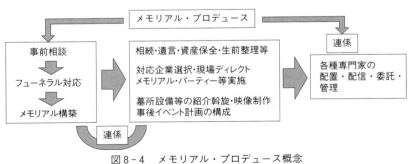

図8-4　メモリアル・プロデュース概念

出典：著者作成

ジネスの理念が浸透しなければならないと考えるのである。

　民俗文化における「その先の世界」を結ぶものが，このメモリアルである。これらの見識や知識を有したうえで，人的資質としてのメモリアル・プロデュースを構築できる人材の養育を目指して，「葬祭学」の創唱を前提に初めてその一部を本書に構成してもらった。

　「葬祭学」は複合的な学術分野でその内容はあまりにも多岐にわたる。けれどもフューネラルやメモリアルの対応を抽出して学ぶこともできる。あらためて「葬祭学」の体系を理解してもらいたい。

（二村　祐輔）

■注

（1）封印・封鎖儀礼…死霊（死の直後の霊魂）が荒ぶらないようにする呪術対応。具体的には「結界」の敷設，「納棺」，「土葬」などの隔離など。

（2）攘却儀礼…死霊を他界へ「タタキダシ」をすること。追い込み。具体的には「風葬」（僻地）や威嚇的な音響（梵音具，日蓮宗法具の木剣など）。

（3）鎮魂儀礼…荒ぶる（戸惑う）死霊を鎮める（安らかにさせること）。また魂を停滞させないで活性化させ更新させる。具体的には「葬儀」でなされる葬送と儀礼，その全体ということがいえる。

（4）1635年前後に，徳川幕府がキリスト教禁圧を目的として，檀家がキリスト教徒でない保証を証文として寺院に作成させた。これによって国民は全員，どこかの寺の檀家になった。そのため，葬式をはじめとした各種の仏事や寺院運営の支援（寄進）が義務化されていった。これがやがて，1970年代には「宗門人別改帳」（戸籍台帳）として作成されていくことにつながる。

　（以上，注1～4は，五来（1996），p.52，p.758，p.814，宮家（1989），p.385，新谷・関沢（2005），p.281を参考にして著者がまとめた。）

（5）厚生労働省がまとめた前年1989年の人口動態統計で，合計特殊出生率が過去最低の1.57となったことで，いわゆる「1.57ショック」として社会不安化した。

（6）言葉に出して言い立てること。言葉に呪力があると信じられた上代以前には，むやみな「言挙げ」は慎まれた（『大辞林』第三版　解説）。

参考文献

井之口章次（2000），『生死の民俗』岩田書院.

鵜飼秀徳（2015），『寺院消滅』日経BP社.

勝田至（2012），『日本葬制史』吉川弘文館.

小谷みどり（2000），『変わるお葬式，消えるお墓』岩波書店.

小宮路雅博編著（2012），『サービス・マーケティング』創成社.

国立歴史民俗学博物館編（2000），『よそおいの民族誌』慶友社.

五来重（1996），『葬と供養』東方出版.

新谷尚紀・関沢まゆみ（2005），『民俗小辞典死と葬送』吉川弘文館.

徳江順一郎（2012），『ホスピタリティ・マネジメント』同文舘出版.

徳江順一郎編著（2014），『ブライダルホスピタリティマネジメント』創成社.

中牧弘充編（1999），『社葬の経営人類学』東方出版.

芳賀登・石川寛子監修（1999），『郷土と行事の食』（全集日本の食文化12）雄山閣出版.

芳賀登（1996），『葬儀の歴史　増補版』雄山閣出版.

プレジデントMOOK（2013），『新しい幸福論』プレジデント社.

松濤弘道（2000），『最新世界の葬祭事典』雄山閣出版.

宮家準（1989），『宗教民俗学』東京大学出版会.

宮田登・新谷尚紀編（2000），『往生考』小学館.

森謙二（2014），『墓と葬送のゆくえ』吉川弘文館.

八木透編（2001），『日本の通過儀礼』思文閣出版.

柳田国男（2014），『葬送習俗事典』河出書房新社.

山田慎也（2008），「過程としての葬儀とその効率化」近藤功行・小松和彦編著『死の儀法』ミネルヴァ出版，pp.137-147.

山田慎也（1996），「葬儀と祭壇」松﨑憲三編『人生の装飾法』（ちくま新書197）筑摩書房.

二村祐輔（2006），『自分らしい逝き方』（新潮新書188）新潮社.

二村祐輔（2012），『60歳からのエンディングノート入門』東京堂書店.

経済産業省報告書（2011），『安心と信頼のある「ライフエンディング・ステージ」の創出に向けて　～新たな「絆」と生活に寄り添う「ライフエンディング産業」の構築～』経済産業省商務情報政策局サービス産業室，p.36.

（http://www.somu.or.jp/pdf/data04_keizaisangyosho.pdf）

三菱UFJリサーチ＆コンサルティング（2014），『平成24年度特定サービス産業実態調査利活用促進のためのデータ作成とサービス産業動向把握のための調査報告書』経産省委託，pp.88-91.

（http://www.meti.go.jp/statistics/toppage/topics/kenkyuShiryo/hokokusho/pdf/h24houkokusho.pdf）

第9章 これからのセレモニーとイベント

1. マクロ環境・外部環境の変化

（1）人口動態の変化と結婚・出生

セレモニーやイベントに対しては，人口構成や価値観・文化の変化といった，マクロ環境の変化に大きく左右される。このことを，わが国における人口動態に生じた変化を例に考察する。

第二次世界大戦の終結により，1947（昭和22）年には93万4,170組，1948（昭和23）年には95万3,999組が結婚した。大戦前のピークは1941（昭和16）年の79万1,625組であるから，飛躍的に増加したことが理解できよう。いわば，「第一次結婚ラッシュ」である。

それにともない，1949（昭和24）年前後に「第一次ベビーブーム」が起きる。同年の出生数は269万6,638人で，記録のあるうちで最多である。そして，ここで生まれた一群を「団塊の世代」と呼ぶが，この世代が結婚適齢期を迎えた頃，すなわち1970年代前半には婚姻件数が100万組を超えて再びピークが訪れた。1972（昭和47）年には109万9,984組が結婚し，これは記録のあるうちで最多である（図9-1）。

さらに，この「第二次結婚ラッシュ」の出現にともない，1970年代前半には出生数が再び200万人を超えるようになった。すなわち「第二次ベビーブーム」が生じ，この一群を「団塊ジュニア」などと呼ぶようになった。1950年代から1960年代にかけては，1966年の約136万人は「ひのえうま」だったため例外的だとしても，おおむね160万人から180万人程度が生まれていたことからすると

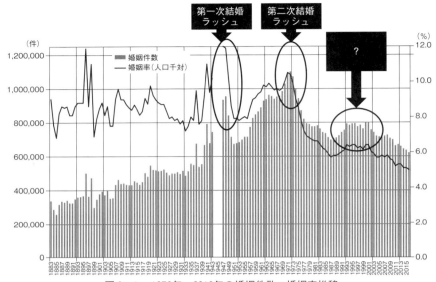

図9-1　1872年〜2016年の婚姻件数・婚姻率推移

注）1944年〜1946年はデータが欠損
出典：厚生労働省「人口動態統計」より著者作成.

大変な増加であるといえるだろう。

　しかし、第一次結婚ラッシュ→第一次ベビーブーム→第二次結婚ラッシュ→第二次ベビーブームとつながってきたが、第二次ベビーブームのあとはほぼ一貫して出生数が減少し続けた。2016年にはついに100万人を割り込んでしまっている（図9-2）。

　一方、図9-1に戻ると、第二次結婚ラッシュ後にはやはり同様に婚姻件数が減少しているが、1987（昭和62）年に70万組を割り込んだのち、再び増加傾向を示すようになる。とはいうものの、1990年代後半には80万組弱にまで増加したが、2000年代に入ってからはやや減少傾向となっている。

　これは、第二次ベビーブームで生まれた世代が結婚適齢期になった頃に、一気に結婚することなく「軽いブーム」のような形で、かつしばらく続いたと考えられる。そして、1970年代後半以降の出生数減少の結果、婚姻件数も減少傾向にあると推測される。

第 9 章　これからのセレモニーとイベント　195

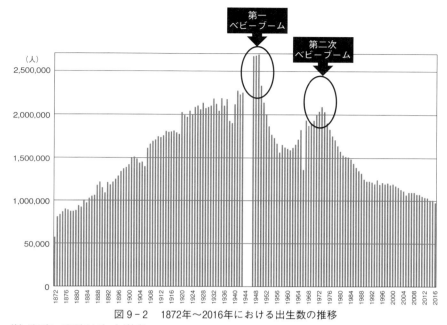

図 9 - 2　1872年〜2016年における出生数の推移

注）1944年〜1946年はデータが欠損
出典：厚生労働省「人口動態統計」より著者作成.

　この要因は，不況の長期化により結婚できないと考える人の増加，恋愛結婚の増加によりコミュニケーション力が結婚に重要となったことなどから，そもそも結婚する人が減っていることが挙げられる。また，女性の社会進出が進んだことにより晩婚化が進んだこと，あるいは，社会構造の変化などにより子供を生まない夫婦が増えたことなど，複合的な要因が考えられる。
　まず，生涯未婚率は，1990年代以降急速に上昇している。女性は2010年代以降10％を越えたが，男性は20％を超えているのが現状である（図 9 - 3）。理由はともあれ，結婚する人が減っているのは間違いない。
　また，1950（昭和25）年には夫25.9歳，妻23.0歳であった初婚年齢は，2014（平成26）年には夫31.1歳，妻29.4歳となり，これはそのまま2016（平成28）年までの 3 年間は同年齢で推移している（図 9 - 4）。
　この背景にあるのは，女性の社会進出である。1986（昭和61）年における

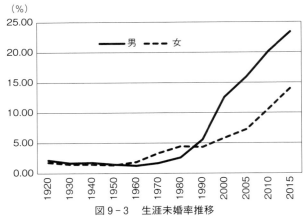

図9-3　生涯未婚率推移
出典：総務省統計局「日本の統計」より著者作成.

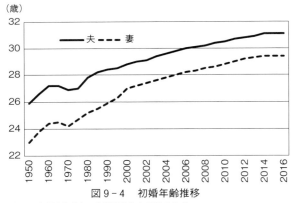

図9-4　初婚年齢推移
出典：厚生労働省「人口動態統計」より著者作成.

「男女雇用機会均等法」の改正や1999（平成11）年における「男女共同参画社会基本法」の施行により，1990年代に女性は続々と社会進出をし，仕事そのものを目標として就職するように変化していった。事実，女性の平均勤続年数は，1984（昭和59）年には6.5年だったのが，1994（平成6）年には7.6年，2004（平成16）年には9.0年，2009（平成21）年には9.4年と着実に長くなっている（厚生労働省「賃金構造基本統計調査」（昭和59，平成6，16，21年）より）。このことは，それ

まで多くの女性が仕事を結婚までの「腰掛け」的にとらえていた状況から，男性と同等に，あるいはそれ以上に責任のある仕事をし，報酬もそれにともなって上昇していったことを示している。

また，こうした晩婚化ともあいまって，結婚の目的が，かつてのような「子供を作り育てるために新たな家庭を築く」ことから多様化していったといえるだろう。

前に2016年度には出生数が100万人を割り込んだと述べたが，同じくらいの出生数であった1880年代前半（明治10年代半ば）の婚姻件数は30万組前後であった。2016（平成28）年は62万組が結婚しているので，婚姻1組あたりの出生数は約半分ということになる。

実際，国立社会保障・人口問題研究所の調査によれば，結婚持続期間が15年〜19年である初婚同士の夫婦を対象として調査される完結出生児数（夫婦の平均的な出生数に近似される）は，2010年に1.96人となり，初めて2人を下回り，2015年の調査ではさらに減って1.94人となってしまった。

以上をまとめると，非婚化と晩婚化の流れがあり，さらに結婚観の多様化も進んで，子供を産まないか，産んでも少人数というカップルが増え，少子化が著しく進んでいるということが理解できるだろう。

（2）総人口への影響

この現状は総人口にももちろん影響を及ぼすことになる。1940年代以降，第一次ベビーブームにより総人口も増加し，1970年代以降も第二次ベビーブームによって，第一次ベビーブームのときほどではないものの増加した。そして，2000年代に入ってから現在に至るまでは，ほぼ横ばいの状態が続いている。

しかし，2000年代後半からは出生数が死亡数を下回り続けている。そのため，総人口が横ばいである状態も2020年には終わり，同年以降は急激に人口が減少すると予測されている（図9-5）。

前述したように，1970年代後半以降はずっと出生数が増えていないどころか減少し続けており，一方で1940年代前半の第一次ベビーブームで生まれたボリュームゾーンの世代が80歳を迎え，寿命を迎えはじめることになるため，急

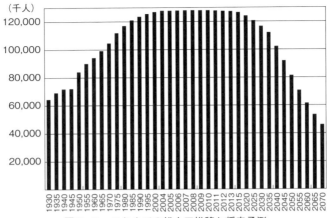

図9-5 これまでの総人口推移と将来予測
出典:総務省統計局「日本の統計」をもとに著者作成.

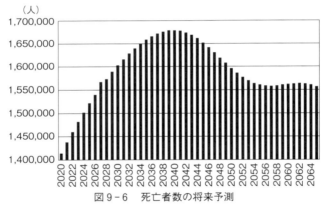

図9-6 死亡者数の将来予測
出典:国立社会保障・人口問題研究所「日本の将来人口推計(平成29年推計)結果報告書」をもとに著者作成(推計は死亡中位・出生注意の各仮定を採用).

速に人口が減少していくことになる。

　死亡者数は2020年頃から急増するが,2040年頃にピークを迎えると予測されている(図9-6)。ここで問題なのは,2020年代は平均でも毎年1万3千人程度,多い年では2万人程度も前年より死亡者数が増えると予測されていることである。

第9章　これからのセレモニーとイベント　　199

　2010年代には，総人口約1億2700万人に対して65歳以上が約3000万人となり，4分の1近くを占めている。これも近い将来，3分の1程度にまでなるという。そこから見えてくる将来は，「少子高齢化」社会ということになる。現在のわが国は，世界でも類を見ないほどの（超）高齢化社会に突入しており，その状況でいかにして社会を成立させられるか，世界中から注目を集めているといえるだろう。

（3）セレモニーのイベント化

　一方，こうした人口動態における変化だけでなく，価値観や文化も大きく変化しているのが現代日本である。

　第5章で論じたように，現状の「冠」は，自治体を中心とする主体が主催する，あくまで単なる「イベント」としての性格が強くなっており，とてもセレモニーとはいえない。つけ加えていうと，2018（平成30）年からは成人年齢が18歳に引き下げられたこともあり，先行きは不透明である。

　「婚」についても，かつては「家と家との結びつき」といった側面が強かったため，公的なセレモニーであるという意識があったが，現在では「個人と個人の関係」というとらえかたであり，私的なセレモニーとなっている。あるいは，セレモニーでさえなく，これもカップルにとっては一つのイベントといった性格が強くなりつつあるといえよう。

　「葬」と「祭」は，さすがに現代でもセレモニーとしての取り扱いが多い。しかし，第7章と第8章で論じたように，直葬の増加や散骨といった新しいスタイルの葬祭が急速に増えてきており，これも単なるイベントへと変化していく可能性が否定しきれない。

　科学万能の世の中になってきて，あらゆる儀礼や儀式から超越的な存在に対する意識が薄れ，そのためにセレモニー色が薄くなりイベント化が進んでいる。これは，今後もさらに進展することが予想されよう。

2. 事業者側の対応

(1) 産業への影響

　以上論じたことのうち，婚姻にかかわる数字の変化は，ブライダル産業に直接的な影響を及ぼし，死亡者数の推移は，フューネラル産業に直接的な影響を及ぼすことになる。

　いずれにせよ，こうした人口動態の変化，価値観や文化の変化には大きく影響を受けざるをえないのがセレモニー産業であるということになる。

　これまでのセレモニー産業は，特定の関係を軸として事業展開がなされてきた。ブライダルでは挙式・披露宴会場を軸として，契約している衣装会社（ウェディング・ドレスなどの手配），人材派遣会社（司式，司会などの手配）などがあり，フューネラルでは葬祭会社を軸として，契約している装花会社がある，といったパターンである。その場合には，その中核たる挙式・披露宴会場，葬祭会社の売上減少が，そのまま契約している会社，すなわち周辺産業の売上も減少することにつながってしまうため，波及的な影響が大きいといえる。

　ブライダルの例を挙げよう。セレモニー・ブライダル市場において，売上の大きな割合を占めるのは，挙式，披露宴，パーティーである。矢野経済研究所

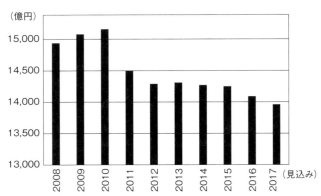

図9-7　挙式・披露宴・パーティーの市場規模
出典：『ブライダル産業年鑑』各年度より．

の『ブライダル産業年鑑』(2015年版) によれば，この挙式・披露宴・パーティーの市場規模は，2010 (平成22) 年をピークに，2011 (平成23) 年は震災の影響もあり大幅に縮小した。そして，その後も回復することはほとんどなく，現在は横ばいだがこのまま緩やかな右肩下がりに推移していくことが予想されている。図9-1でみたように，団塊ジュニア世代の婚礼もピークを過ぎているため，婚姻件数自体が減少し，さらに縮小していくと考えられている。

（2） 産業側の対応における問題点

それだけでなく，近年では挙式を行なわない「ナシ婚」や招待客を絞った「少人数婚」，家族だけで行なう「家族挙式」で済ますケースも増加してきているため，これも単価の減少という形でマイナスの要因となっている。さらに，挙式・披露宴・パーティーの市場が縮小していくということは，その周辺産業，すなわちウェディング・ドレスや装花，演出といった市場も，今後は縮小傾向になっていく可能性がある，ということになる。

なお，このように市場規模が縮小しているにもかかわらず，国内の婚礼施設は続々と新規施設が開業している。そのため，供給過多になっていくことが確実視されている。また，カップルの式場見学件数は少なくなる傾向にあり，顧客の取り合いも激化している。それにより生じる問題は多く，特に来館1軒目に成約してもらうことを目指す「即決型営業」が広がっている。この方法は，一部の企業においてではあるが，長時間の拘束や強引な営業によってトラブルを招いてしまった。

第7章で述べたように，セレモニーの簡略化による単価の減少など，同様の問題はフューネラルでも垣間見られる。ただし，フューネラルの関連産業では，今後しばらくは，逆に需要そのものは増加すると見込まれるため，こうしたブライダル産業の状況なども参考に，早いうちから対策を立てておくことが望ましい。

3. 将来のセレモニー・イベント産業

（1）セレモニー産業とイベント産業の分類

　以上を踏まえ，将来のセレモニー・イベント産業について検討するが，いくつかの前提条件を整理しておく必要がある。

　まず，第1章で定義したように，「儀礼」は一連の「儀式」によって成立し，儀礼や儀式を包含して「セレモニー」という。そして，大人数が一同に会する場合に「まつり」というが，超越的な存在を意識しない場合にはそれが「イベント」となる。そこでは式典が挙行される。

　ただし，第7章の議論も踏まえると，葬祭に関しては，同じ表現のままでは若干の不都合も残る。そこで，こうしたさまざまなセレモニーやイベントに従事する事業体を分類しておく必要があろう。

　ブライダル関連とフューネラル・メモリアル関連の業界については，第6章から第8章で詳述した。ここでは，イベント関連の業界について概観する。

　関連業界として，一般社団法人日本イベント産業振興協会というものがある。同協会は1989（平成元）年に設立され，初代会長に当時ソニー会長だった盛田昭夫氏が就任している。1995（平成7）年には，当時サントリー会長だった佐治敬三氏が，1999（平成11）年には当時日本電気（NEC）相談役だった関本忠弘氏が，それぞれ会長に就任していることから，当初はメーカー色が強かったようである。しかし，2018（平成30）年現在の会長は，電通会長の石井直氏となっている。協会では，イベントの企画や実施に必要な情報収集・分析，関連の研究・調査などをするほか，イベント業務管理士，イベント検定などの資格認定事業なども実施している。電通以外の役員輩出企業をみると，博報堂，アサツーディ・ケイ，ジェイアール東日本企画，大広といった広告会社，JTBのような旅行会社，乃村工藝社，丹青社といったデザイン系企業が目に付く。

　また，一般社団法人日本コンベンション協会というものもある。こちらは，2015（平成27）年に日本PCO協会と日本コンベンション事業協会とが合併して誕生した。こちらの役員所属企業は，2018（平成30）年現在，日本コンベン

表 9-1　セレモニー・イベント関連産業分類

		中核的産業	周辺産業	非営利関連組織
セレモニー関連産業	フューネラル・メモリアル産業	葬祭業者	墓石業者	寺院
	ブライダル産業	挙式会場（ホテル，専門式場など）	装花，引出物・香典返し手配業者	神社
			マッチング，エステ，宝飾，式場紹介業	
			衣装，人材派遣，音響・照明，旅行会社	
イベント関連産業	イベント産業	イベント運営企業	デザイン会社	自治体，各種協会

出典：著者作成

ションサービス，コングレ，シータイム，コンベックス，ピーシーオーワークス，セントラルコンベンションサービスのような展示会運営会社，オリコムのような広告会社，ムラヤマのようなデザイン系企業，プロスパー・コーポレーション，バイリンガル・グループのような翻訳会社が名前を連ねている。ただし，JTB の相談役である舩山龍二氏も相談役であり，やはり JTB の影響がうかがえる。

　以上から，関連する産業を分類したものが表 9-1 である。

　セレモニー関連産業には，フューネラル・メモリアル産業とブライダル産業が含まれ，イベント関連産業はイベント産業により構成される。それぞれに中核的産業が存在するが，周辺産業はかなり重複している点にも注意が必要である。

（2）実際の対応

①プレ・ブライダル市場における成長分野

　以上の分類を踏まえ，これからの産業の方向性について検討していく。

　未婚化・非婚化が進んでいることは前述したが，結婚したくてもできないという人も少なくない。国立社会保障・人口問題研究所の「第15回出生動向基本調査（結婚と出産に関する全国調査)」によると，18歳以上35歳未満の「いずれ結婚するつもり」と回答した未婚者に，「現在交際している人と（あるいは

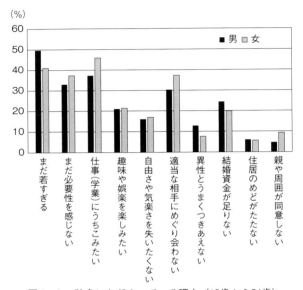

図9-8 独身にとどまっている理由（18歳から24歳）
出典：国立社会保障・人口問題研究所「第15回出生動向基本調査（結婚と出産に関する全国調査）」より著者作成．

理想的な相手が見つかった場合），一年以内に結婚するとしたら何か障害になることがある」かどうかという問いに対して，男性68.3％，女性70.3％がなんらかの障害があると回答している。その理由として，半数近くが「結婚資金」に問題があるとしており，経済的な要因が大きい。

18歳から24歳までの男女の，独身にとどまる理由は「まだ若すぎる」，「まだ必要性を感じない」，「仕事（学業）に打ち込みたい」，「適当な異性に巡り合わない」の4つが主な理由になっている。「結婚資金が足りない」もここでも比較的多くが理由に挙げている。学生も含まれる年齢層であるため，「適当な異性に巡り合わない」以外の理由については妥当な結果だろう（図9-8）。

これが，25歳から34歳の結果になると，かなり変化している。

男女ともに「まだ若すぎる」はさすがに激減しているが，「まだ必要性を感じない」という回答は，男女が逆転している。さらに「適当な相手にめぐり会わない」も，男女ともにもっとも多い回答となっている。さらに，「結婚資金

第9章　これからのセレモニーとイベント　205

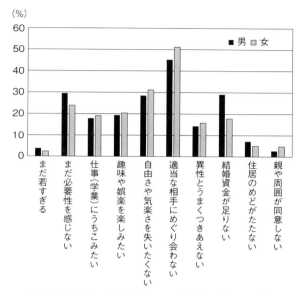

図9-9　独身にとどまっている理由（25歳から34歳）
出典：国立社会保障・人口問題研究所「第15回出生動向基本調査（結婚と出産に関する全国調査）」より著者作成．

が足りない」と考える意見は，女性はむしろ減少しているものの，男性はむしろ増加している（図9-9）。

　ここで圧倒的に多くなっているのは，「適当な異性にめぐり会わない」であり，他の理由は，男性における経済的なものを除いては18歳から24歳の層とさして変わらない。近年は付き合ってから結婚までの平均交際期間は年々長くなっているため（図9-10），この時点でそもそも交際していない場合は，晩婚化あるいは非婚化につながっていく可能性が高くなる。

　こうした出会いの問題は，ブライダル産業に悪影響がある可能性を孕んでいるが，同時にプレ・ブライダル市場におけるマッチング市場の成長の要因となる可能性がある。出会いのきっかけとして，過去には多くあったお見合いや仲人の存在が消えつつある今，その分，オンラインマッチングなど，新しい現代人のライフスタイルにも合った出会いの形は需要を増していることが考えられるからである。

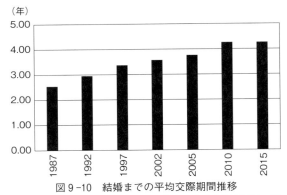

図9-10　結婚までの平均交際期間推移
出典：国立社会保障・人口問題研究所「第15回出生動向基本調査（結婚と出産に関する全国調査）」より著者作成.

　このように，ブライダル市場内でも，成長分野は必ず存在する。そういった分野に進出していくことで，縮小が見込まれるセレモニー・ブライダル市場の企業でも成長を志向することは可能である。以下，成長を志向する事例を紹介する。

②八芳園の事例
　白金台に12,000坪もの広大な敷地を持つ株式会社八芳園（以下，「八芳園」という）の創業は戦後であるが，八芳園を象徴する庭の歴史は，江戸時代初期にまでさかのぼる。
　そのような歴史を誇るこの地は，大正時代のはじめ頃，日立製作所などの企業の礎を築いた久原房之助の手に渡ることになる。彼は周辺の土地も買い増しして，地形を活かした庭園を作り上げた。
　戦後，飲食店の展開を行っていた長谷敏司に共同経営の話が持ち込まれ，1950（昭和25）年から現在の八芳園の原型となる施設がスタートすることになる。
　同社では「OMOTENASHIを，世界へ」とのコンセプトで，「日本が誇る四季折々の美しさと心を込めたOMOTENASHIを，世界中へ届ける」というミッションを進めている。

同社が展開している事業のうち，興味深い方向性のものを2つ提示する。

一つは，首都圏の婚姻総数のうち，約35％のカップルが挙式していないという状況から，なんらかの理由で結婚式を挙げていないカップルや夫婦に着目し，本当の気持ちや当時叶えられなかった想いに耳を傾け，大切な節目である結婚式を，そのカップルや夫婦が希望する場所で実現するために生まれた事業の「かなえる婚」(http://www.kanakon.jp/) である。八芳園の「おもてなしスピリッツ」はそのままに，式場の枠にとらわれずに，新しいスタイルの挙式を，同社が抱える，あるいは関係する多くのプロフェッショナルを結集して実現しようとするものであり，上記のHPには興味深い事例が多く掲載されている。

同社の施設は，きわめて高品質なサービス・料理に加えて，最新の演出設備なども備えており，金額はどうしても高くなりがちである。しかし，施設そのものは利用できなくても，可能な限り，アプローチしてきた顧客には対応していこうとすることで，新市場の拡大に成功しているといえよう。

さらに最近では，MICEへの対応にも注力している。わが国の伝統工芸を用いた装飾や什器，食器類などを全国各地から発掘して取り揃え，「日本のショールーム」になることを目指している。これまでは，「総合結婚式場」というブライダルのみの施設であったのが，ノウハウをMICE全般に拡大して

写真9-1　八芳園：都心とは思えない庭園
出典：著者撮影

いこうとする取り組みである。

実は八芳園も，一時は業績が低迷していた。しかし，「生涯顧客」や「OMOTENASHI RESORT」という新しいコンセプトにリブランディングをし，それにより基幹ビジネスであるブライダルをV字回復させると，ただちにさらなる事業展開につなげている。

③ワタベウェディング

ワタベウェディング株式会社（以下，「ワタベ」という）は，貸衣裳からはじまった企業である。1953（昭和38）年にワタベ衣裳店としてスタートし，1971（昭和46）年には株式会社に改組している。

同社は1973（昭和48）年に，日本ではまだ珍しかった海外ウェディングをスタートする。1号店はハワイのホノルル店であった。その後は順調に海外展開を進め，北米，ヨーロッパ，オーストラリアへと進出していった。

興味深いのは，2004（平成16）年に総合結婚式場の目黒雅叙園を子会社化したのに続き，2008（平成20）年にメルパルクの運営もするようになったことである。さらに，2015（平成27）年には千趣会およびディアーズ・ブレインとの資本業務提携契約を締結した。

写真9-2　目黒雅叙園（ホテル雅叙園東京）：ロビーの大空間

出典：著者撮影

ワタベはもともと貸衣裳業からはじまったということもあり，国内での挙式・披露宴会場の運営は，顧客のライバルになりかねないという側面もあり難しかった。そのため，事業拡大には海外へという形を取ることになったわけである。しかし，一定のポジションが確立されて以降は，総合結婚式場を立て続けに傘下におさめつつ，多彩な商品を取り揃える小売業者，ハウスウェディング事業という業界のニッチ市場において急成長を果たした企業との提携を果たし，一気に業界の国内市場での存在感を増した感がある。

　2017（平成29）年には，基幹施設ともいえる目黒雅叙園の改装をし，ホテル雅叙園東京としてリブランドした。

（3）事業展開の方向性

　ここで，もう一度，セレモニー・イベント関連産業の分類を眺めてみると，興味深いことが分かってくる。

　先にも軽く触れたが，これまでは各産業の中核をなしてきたのは，それぞれの専門業者であった。これに対して，周辺産業は一部を除いて相互乗り入れがなされている。その点からすれば，表9-2における矢印1の部分での展開の可能性は，まだ大いにあるといえるだろう。

　また，もう一つの方向性として，矢印2のアプローチもありえよう。ただし，

表9-2　セレモニー・イベント関連産業分類

		中核的産業	周辺産業	非営利関連組織
セレモニー関連産業	フューネラル・メモリアル産業	葬祭業者	墓石業者	寺院
			装花, 引出物・香典返し手配業者	
	ブライダル産業	挙式会場（ホテル, 専門式場など）	マッチング, エステ, 宝飾, 式場紹介業	神社
			衣装, 人材派遣, 音響・照明, 旅行会社	
イベント関連産業	イベント産業	イベント運営企業	デザイン会社	自治体, 各種協会

出典：著者作成

表9-3　成長マトリクス（製品―市場マトリクス）

	既存製品	新製品
既存市場 (exixting market)	市場浸透 (market penetration)	新製品開発 (product development)
新市場 (new market)	新市場開拓 (market development)	多角化 (diversification)

出典：Ansoff（1965）をもとに著者作成.

こちらはワタベの例でも出てきたように，取引先をライバルとしてしまう可能性があるため，難しい面も大きいと考えられる。また，流通経路における垂直統合に近い考え方でもあり，そこでの内部化は必ずしも大きな利益にはつながらない。

　矢印1の方向性での事業展開を考えるに際しては，イゴール・アンゾフの「成長マトリクス」の考え方が参考になる（表9-3）。

　成長マトリクスとは，企業の成長に際しての戦略展開について考察するためのフレームワークである。列を既存製品（または既存サービス）と新製品（または新サービス）に分け，行を既存市場と新市場で分ける。

　「市場浸透」は既存製品（または既存サービス）により，既存市場での売上をさらに拡大させようとするものである。そのためには，市場シェアを増大させる必要がある。

　「新製品開発」は，現在の市場に対して既存製品（既存サービス）に代わるような製品（サービス）を新たに提供して売上を拡大させようとするものである。

　「新市場開拓」は，既存製品（既存サービス）をそれまでとは異なる新しい市場に提供することを指している。

　「多角化」は新製品（新サービス）によって新市場の開拓を目指す。この場合には，企業にとって全く新しいものに取り組むことになる。

　市場浸透は，値下げによる需要の刺激などがしばしば用いられるが，他にもサイズの変更などによって買いやすくすることや，新しいライフスタイルの提示でも達成される。近年の日本酒が，一升瓶ばかりでなく四合瓶のものが増えているのが好例である。あるいは，清涼飲料水でも飲み切りサイズのものを提

供して成功している事例がある。そうめんを夏のみならず冬にも食べてもらえるようなプロモーションも該当する。

新市場開拓は，もともと赤ちゃん用に販売されていたローションを肌の弱い女性に対しても販売したり，女性用の化粧品類を男性に向けても販売したりすることである。既に一定の評価が特定の市場セグメントで得られている製品やサービスを，別の市場セグメントにも提供することで売上の増大を目指す。

新製品開発は，スナック菓子において新たな味や期間限定商品を販売することが典型例である。既存製品やサービスは，いつかは陳腐化せざるをえないため，基本的にはいつかは必ず必要とされる対応でもある。

最後の多角化は，カメラやフィルムの技術を利用して，肌への浸透に応用させて化粧水を作り出したりしたことが好例である。技術的共通項の応用により，成長市場を狙える際に用いられる。場合によっては，他社を買収することによって実現することもある。ただし，いずれもその企業にとって全く新しい取り組みであることが多く，事前のリスクを把握することが難しい。

なお，市場セグメントの分け方については，マーケティング論において多くの研究がなされてきた。一般的には，地理的変数，人口動態変数（デモグラフィック変数），サイコグラフィック変数，行動変数などによって分けることが主流である。

また，既存製品（既存サービス）と新製品（新サービス）の相違は，一般的には製品の３つのレベルで考えられることが多い。すなわち，製品やサービスが満たすニーズそのものである「製品の核」，それを実現するためのパッケージングなどを含む「製品の形態」，そして実現された製品やサービスを便利に使ったり利用しやすくしたりするための「製品の付随機能」である。

ここで，市場浸透を目指すならば，ブライダル産業の場合には，マクロ環境・外部環境の状況を踏まえると，他社のシェアを収奪することでしか実現できないと考えられる。少子化，非婚化が進む中で，これからもブライダル市場は縮小し続けることが予測できるからである。他方，フューネラル・メモリアル産業は，しばらくは市場拡大が見込まれるため，当面は妥当な戦略オプションの一つとなりえるだろう。とはいうものの，強力な商品力・サービス競争力

を保持している場合には，ブライダル産業でもあえて市場浸透を目指すことも可能となる。

　ただ，やはりブライダル産業では，新製品開発（新サービス開発）や新市場開拓によって売上の増大を目指す方が，競争が激化する市場での厳しい環境における運営からの逃避が可能である。それも，ワタベが成功したような，矢印2の方向性，つまり垂直統合的なアプローチか，八芳園の例にあったような，近い周辺ビジネスから固めていくことも，自社の強みをより発揮することにもつながると考えられる。

　さらには，八芳園が実現しつつあるような，ブライダル産業からイベント産業への進出，すなわち表9-2における矢印1の方向性での事業展開は，今後のセレモニー関連産業，イベント関連産業の経営において，きわめて重要な選択肢になってくると考えられる。

　一方，目黒雅叙園が宿泊部門を強化し，ホテルとしての存在感を強めているように，多角化に近い方向性の展開も十分ありえるだろう。事実，ブライダル産業における挙式会場運営企業のうち，2000年代に急成長したハウスウェディング提供企業には，ホテルへの進出で成功しているケースが多い。これは，ブライダル・ビジネスでつちかったホスピタリティ・マネジメントとサービス・マネジメントのノウハウを，ホテルに投入することで成功した多角化であるととらえることができよう。

　以上，アンゾフの「成長マトリクス」で事業展開を分析してみたが，必ずもここで紹介した「成長マトリクス」を用いて事業展開の検討をすべき，と主張したいわけではない。要は，このような理論体系がさまざまにある状況で，セレモニー関連産業，イベント関連産業では，まだまだそれを活用する余地があるのではないかと考えるのである。

　ホスピタリティ産業全般に言えることであるが，どうしても理論面を軽視する傾向がある。今後は，産学連携もさらに進展させ，理論面も重視した経営を目指せる環境を整備していくことが求められよう。

（徳江順一郎・廣重　紫）

第9章　これからのセレモニーとイベント　*213*

参考文献

Ansoff, I.（1965），*Corprate Strategy*, McGraw-Hill.（広田寿亮訳（1977），『企業戦略論』産業能率短期大学出版部）

Chandler, A. D. Jr.（1962），*Strategy and Structure*, MIT Press.（三菱経済研究所訳（1967），『経営戦略と経営組織』実業の日本社.）

今井重男（2015），「近代婚礼創作とブライダル・ビジネスの源流」『国府台経済研究』第25巻第2号，千葉商科大学経済研究所.

徳江順一郎編著（2014），『ブライダル・ホスピタリティ・マネジメント』創成社.

『結婚トレンド調査』（各年度）リクルートブライダル総研.

『ブライダル産業年鑑』（各年版）矢野経済研究所.

「出生動向基本調査（結婚と出産に関する全国調査)」（各年度）国立社会保障・人口問題研究所.

「人口動態統計」（各年度）厚生労働省.

「日本の将来人口推計　結果報告書」（各年度）国立社会保障・人口問題研究所.

あとがき

　セレモニーとイベントについて分かりやすく論じる本を書くということが，これほど大変なことだとは，執筆当初は思っていなかったというのが本音である。自身の本来的な専門であるマーケティング論のみならず，文化人類学や民俗学，宗教学など，さまざまな分野における先行研究の蓄積があって，やっと本書が完成に至った。まだまだ至らぬ点も多々あることは重々承知しているが，とりあえずの一区切りとお考えいただけると幸いである。

　東洋大学国際観光学部では，2017年度の学部化より，セレモニー系統の講義を細分化して，より学生のニーズにきめ細かく対応することにした。その基盤には，ブライダルやフューネラルといったセレモニー産業のみならず，まつりやイベントなど，関係するさまざまな産業について考察する必要があるため，本書も広範な内容となってしまった。

　ところで，第9章は，共同執筆者の廣重紫が，大学卒業時に執筆した卒業論文（東洋大学国際地域学部国際観光学科2015年度卒業論文）「セレモニー・ブライダル市場における企業の課題と戦略」が内容のベースとなっている。彼女は，当該論文が高く評価され，「国際観光白山会会長賞」を受賞した。現在も旅行会社でブライダル関連の仕事にたずさわっているが，こうした卒業生の活躍こそが，産学連携の一層の進展を実現し，業界のレベルアップにもつながっていくと信じ，今回の共同執筆につながった。

　本書は，晃洋書房編集部の吉永恵利加氏とのご縁ができたことから企画がスタートした。しかし，本学の学部化の話も入ってきたりし，気がつくと企画の話が持ち上がってから，早くも2年の月日が過ぎてしまい，吉永氏には色々とご迷惑をおかけした。この場を借りて深くお詫びすると同時に，心からのお礼を申し上げたい。

　また，セレモニー関連産業，イベント関連産業への道ができたのは，公益社団法人ブライダル文化振興協会との関係が生じてからである。同協会の会長で

ある勝俣伸氏，専務理事の野田兼義氏，事務局長の佐々木貴夫氏をはじめとする協会の関係者の皆様にも，深くお礼申し上げる。

　また，本文中でもご紹介させていただいたが，株式会社八芳園の代表取締役社長である長谷晴義氏，取締役専務・総支配人の井上義則氏，株式会社目黒雅叙園の代表取締役社長である本中野真氏，ホテル雅叙園東京のホテルマネージャー・松山和善氏，株式会社ディアーズ・ブレインの代表取締役・小岸弘和氏には，日ごろから学生の実習のみならず，さまざまな機会をお作りいただいたり，情報提供を通じたりして大変お世話になっている。紙幅の関係で全員のお名前を挙げられず心苦しい限りであるが，こうした業界の方々のおかげで日々の研究・教育活動が遂行できていることは事実であり，深く感謝申し上げたい。

　学の側でできることは，しっかりと研究を遂行し，学生の教育に活かしていくことと考える。本書の刊行を一つの節目とし，新たな気持ちで，これまで以上に研究と教育に邁進していきたいと考える。

執筆者を代表して

徳江　順一郎

索　引

あ

IOC　63
アガペー　30
秋の七草　111
アッシリア王国　28
アッラー　33
アドベント　56
アレクサンダー大王　28
安心保障関係　112
イエス　30
イエズス会　32
イゴール・アンゾフ　210
イスラエル王国　28
イスラム教　33
一遍　43
イベント　12, 21, 199
　　イベント（関連）産業　203
慰霊　180
ウィリアム・ブルック　63
運動会　86
栄西　43
永代供養　171
永年管理　169
縁日　94
黄檗宗　44
おせち料理　107
オリンピック　62
　　オリンピア　62
　　オリンピアード　64
　　オリンピズム　64
　　オリンピック憲章　64
　　国際オリンピック委員会　63
　　古代オリンピック　62

か

カーニバル　59
海外ブライダル　134

戒壇　41
カシュルート　29
火葬　142
家族葬　140, 145
過渡儀礼　7, 21
鎌倉新仏教　42
神棚　173
関係性　5, 82
冠婚葬祭　102
鑑真　41
神嘗祭　52, 93
還暦　104
儀式　1, 6
旧約聖書　26
挙式　103
キリスト教　30
キリスト教式　103, 114, 116, 127
儀礼　1, 6
儀礼文化　7
　　芸術の儀礼文化　7, 22
　　生活の儀礼文化　7, 22
　　宗教の儀礼文化　7, 22
金婚式　104
銀婚式　104
空海　42
供養　142, 161, 166
クリスマス　55
クリスマスツリー　56
クルアーン　33, 61
ケ　12, 17
ケガレ　12, 17
華厳宗　41
ゲストハウス　127
元号　79
皇位継承　79
公会議　31
皇室経済法　80
皇室典範　79

コーシェル（コーシャー）　29
ゴータマ・シッダールタ　38
コーラン　33
国際博覧会　74
　　万国博覧会　74
告別式　137
互助会　125
国会　83
コンスタンティヌス１世　31,55
コンスタンティノポリス公会議　31

さ

斎場　146
祭壇　147
最澄　42
祭礼　11
サッカー・ワールドカップ　73
三種の神器　79
サンタクロース　56
三位一体　31
始業式　86
四宗兼学　42
市場セグメント　211
死生観　165
七五三　20
七堂伽藍　41
ジミ婚　127
シャーリア　36
社殿　50
謝肉祭（カーニバル）　59
終活　150
終業式　86
十二使徒　31
授戒　41
十戒　27
譲位　79
象徴天皇制　78
浄土三部経　42
浄土宗　42
神祇令　47

真言宗　42
神前式　103,114,127
人前式　103,116
神道　22,47
神明造　50
親鸞　42
過越祭　27,29
スポーツ・イベント　94
スルタン　61
成熟儀礼　101
西方教会　32,57
ゼウス　62
セレモニー　3,6
　　個人的なセレモニー　3
　　社会的なセレモニー　3
セレモニー・ブライダル市場　131,144,200
セレモニー（関連）産業　200,203
専修念仏　42
宣誓　61
践祚　79
葬儀　137
　　葬儀社　140,142
総合結婚式場　125
相互信頼関係　112
葬祭　138
葬式　137
葬式仏教　163
曹洞宗　43
即位　60,79,81
卒業式　20,84

た

体育祭　86
太陰暦　29
戴冠式　60
大社造　50
大嘗祭　79,81
他界観　165,179
高御座　81
タナハ　26

索　引　*219*

タブー　29, 36, 52
タルムード　26
檀家　47, 149
　　　檀家制度　22
歎異抄　42
直葬　140, 145
通過儀礼　7, 98
通夜　175
テーマパーク　13
テオドシウス1世　31
寺請制度　149
天台宗　42
天皇　78
道元　43
統合儀礼　7, 21
東方教会　32, 57
　　　東方正教会　31
鳥居　49
　　神明系鳥居　50
　　明神系鳥居　50

な

内閣　83
内閣総理大臣　83
永島式結婚式　123
夏越の祓（名越の祓）　52, 88
ナシ婚　21, 103, 127
南都六宗　41
新嘗祭　52, 81, 93
ニカイア公会議　31
西ローマ帝国　31
日常化儀礼　18
日蓮　43
　　　日蓮宗　43
二分の一成人式　87, 101
入園式　84
入学式　20, 84
入社式　20, 85
ニューライフ市場　132

は

拝殿　50
墓　166, 168
墓守　172
ハッジ　35
ハディース　33
ハデ婚　126
花火大会　96
ハネムーン市場　132
バビロン　28
　　　バビロン捕囚　28
ハライ　17
パラリンピック　62
春の七草　107
ハレ　12, 17
バレンタインデー　58
ハロウィン　59
ピエール・ド・クーベルタン　63
東ローマ帝国　31
彼岸　46, 50
引出物　120
ビザンチン帝国　31
ヒジュラ暦　34
ひのえうま　193
披露宴　103, 118, 120
披露目　122
仏教　22, 38
仏教式　117
仏前式　123
仏壇　173
フューネラル・メモリアル産業　203
ブライダル産業　114, 123, 203
ブライダル市場　114
プレ・ブライダル市場　131
不惑　104
文化祭　86
分離儀礼　7, 21
平安二宗　42
ヘネップ　1

ペルシア帝国　28
放映権　73
崩御　79
宝祚　79
法相宗　41
法然　42
法華経　42
ポリス　62
盆　46
本殿　50

ま

まつり　8, 87
マハル　37
マルティン・ルター　32
三行半　122
道　47
御帳台　81
ミラノ勅令　31
婿入り婚　115, 120
ムスリム　33
ムハンマド　33
メッカ　33
メディナ　33
モーセ五書　26

モスク　37

や

厄年　106
結納　115
融通念仏宗　44
ユダヤ教　26
ユダヤ暦　29
ユダ王国　28
預言　33
嫁入り婚　115

ら・わ

ラ・フォンテイン　4
ラマダーン　35
立憲君主国　78
律宗　41
臨済宗　43
輪廻　38
霊魂観　165
レストラン・ウェディング　127
蓮如　43
ローマ・カトリック　31
六信五行　34
「和」の精神　5

■著者紹介

・徳江　順一郎（とくえ　じゅんいちろう）
　［担当章：第1章～第6章，第9章］

上智大学経済学部経営学科卒業
早稲田大学大学院商学研究科修士課程修了
大学院在学中に起業し，飲食店やマーケティング関連のコンサルタント，長野経済短期大学，産業能率大学，高崎経済大学，桜美林大学などの非常勤講師を経て，
現在，東洋大学国際観光学部／大学院国際観光学研究科准教授
『ラグジュアリー・ホスピタリティ』，『ホスピタリティ・マネジメント』，『ホテル経営概論』（同文舘出版），『アマンリゾーツとバンヤンツリーのホスピタリティ・イノベーション』，『ホスピタリティ・デザイン論』，『ホテルと旅館の事業展開』，『ブライダル・ホスピタリティ・マネジメント』（創成社），『サービス＆ホスピタリティ・マネジメント』，『ソーシャル・ホスピタリティ』（編著・産業能率大学出版部）など著書・編著書・学術論文多数

・二村　祐輔（ふたむら　ゆうすけ）
　［担当章：第7章，第8章］

奈良大学文学部卒業。葬祭実務に約18年間従事。2千数百件の事例を経験したのち，葬祭コンサルタント事務所を開設し独立。同時に「日本葬祭アカデミー教務研究室」を主宰し，関連企業の業務やその営業企画に関与する。
2006年都内の専門学校にて「葬祭学科」を創設し，葬祭を初めて教育の一環とした。一方で独自に「葬祭カウンセラー」を養成し認定。消費者向けセミナーやTVでは「葬祭コメンテーター」としての出演も多い。
大学では「葬祭学」を創唱し，「メモリアルビジネス論」などの講義を展開している。元東洋大学国際観光学部非常勤講師。
著書・監修書に『遺族のための葬儀・法要・相続・供養』（池田書店），『60歳からのエンディングノート入門』（東京堂書店），『自分らしい逝き方』（新潮新書データ版）など多数

・廣重　紫（ひろしげ　ゆかり）
　［担当章：第9章］

東洋大学国際地域学部国際観光学科卒業
株式会社 H.I.S. 関東販売事業部アバンティ＆オアシスグループ・ウエディングプランナーとして勤務。2019年より，高見株式会社 Overseas Div. にてリゾートウェディングチーフプランナー。

セレモニー・イベント学へのご招待

儀礼・儀式とまつり・イベントなど

2019年1月30日　初版第1刷発行	＊定価はカバーに
2025年4月15日　初版第2刷発行	表示してあります

	徳　江　順　一　郎
著　者	二　村　祐　輔©
	廣　重　　　紫
発行者	萩　原　淳　平
印刷者	藤　森　英　夫

発行所　株式会社　晃　洋　書　房

〒615-0026　京都市右京区西院北矢掛町7番地
電　話　075(312)0788番(代)
振替口座　01040-6-32280

装丁　(株)クオリアデザイン事務所　　印刷・製本　亜細亜印刷(株)

ISBN 978-4-7710-3139-5

JCOPY 〈(社)出版者著作権管理機構　委託出版物〉

本書の無断複写は著作権法上での例外を除き禁じられています．
複写される場合は，そのつど事前に，(社)出版者著作権管理機構
(電話 03-5244-5088, FAX 03-5244-5089, e-mail : info@jcopy.or.jp)
の許諾を得てください．